Ihr habt ja nie gefragt! Macht man das noch, sich füreinander interessieren, in Zeiten der Aufmerksamkeitsökonomie, also so richtig aufrichtig? Jennifer Beck, Fabian Ebeling, Steffen Greiner und Mads Pankow, vier Menschen einer Generation, lassen sich aufeinander ein. Ohne Scham. Ohne Angst. Mit Zeit. Sie versprechen, sich zu antworten und zu schauen, wo sie hinführen, die Fragen, die niemand zu stellen wagt. Weil sie Themen berühren, die keine*r gern anfasst: Liebe, Körper, Wut und Nazis. Immer wieder und immer schriftlich. Sie legen offen, was wir aneinander entdecken, wenn wir uns alles fragen dürfen, aber auch, dass Verständnis nicht sofort aus Verständigung resultiert.

JENNIFER BECK, geboren 1988 in Leipzig, war Redakteurin bei *Spex – Magazin für Popkultur* und arbeitet aktuell als Kulturredakteurin beim *Missy Magazine*. Redaktionsleiterin von *Die Epilog – Zeitschrift zur Gegenwartskultur* in Berlin. Sie schreibt, wie sagt man, frei.

FABIAN EBELING, geboren 1985 in Mannheim, ist freier Redakteur, Autor und Mitherausgeber von *Die Epilog*.

STEFFEN GREINER, geboren 1985 in Saarbrücken, lebt als freier Autor, Dozent und Kulturjournalist in Berlin. Redaktionsleiter von *Die Epilog*. Zurzeit arbeitet er an Projekten zu Nasen, Utopien und Musik-Werden.

MADS PANKOW, geboren 1985 in Oldenburg, aufgewachsen in Berlin, langjähriger Herausgeber von *Die Epilog*. Er arbeitet als Journalist und Politikberater zu Themen der künstlichen Intelligenz und Gesellschaft.

Beck
Ebeling
Greiner
Pankow

Liebe, Körper, Wut & Nazis

Wie wir beschlossen, uns alles zu sagen

TROPEN SACHBUCH

MIX
Papier aus verantwortungsvollen Quellen
FSC® C014496

Tropen
www.tropen.de

Printed in Germany
Cover: Zero-Media.net, München
Autorenfoto S. 1: © Julia Grüßing
Gesetzt von C.H.Beck.Media.Solutions, Nördlingen
Gedruckt und gebunden von GGP Media GmbH, Pößneck
ISBN 978-3-608-50465-1

Bibliografische Information der Deutschen Nationalbibliothek
Die Deutsche Nationalbibliothek verzeichnet diese Publikation in der Deutschen Nationalbibliografie; detaillierte bibliografische Daten sind im Internet über http://dnb.d-nb.de abrufbar.

Vorwort

Das ist kein Buch über Liebe, Körper, Wut und Nazis, sondern eines über das Versprechen, einander alles zu erzählen. Es ist also ein Buch über Freundschaft, Grenzen und Tabus. Und wo wir schon im Kreis zwischen Stockbetten hocken, in Jogginghosen, und mit viel zu großen Augen für diese Uhrzeit: Es ist ein Buch über Wahrheit, und an ein, zwei Stellen auch eines über Pflicht.

Wir stellen uns Fragen, weil wir das irgendwie verlernt haben, seit wir damals von den Großeltern wissen wollten, warum sie bald sterben, und von der Tante, warum es keinen Onkel gibt. Wir haben es verlernt, weil Tante und Opa komisch geschaut haben, damals. Aber sicher auch, weil wir zwar immer noch etwas lernen wollen, nur nicht mehr voneinander.

Weil wir eigentlich nicht mehr zuhören wollen, wenn Menschen etwas erzählen, und das ja auch aus Gründen. Schließlich erzählen Menschen meistens langweilige Sachen, die man eh schon zu wissen glaubt. Und Menschen tendieren dazu, diese Sachen auch noch zu oft zu wiederholen. Vielleicht hätten wir also doch mal dazwischen funken sollen. Mit Fragen zu den Themen, die uns wirklich interessieren, die uns beschäftigen. Vermutlich: nicht nur uns.

Wir sind vier, und um ehrlich zu sein: Manchmal sind wir nicht sicher, ob wir uns wirklich mögen. Immerhin machen wir seit Jahren ein Magazin miteinander, *Die Epilog*, gemeinsam mit vielen anderen – ein Job. Aber am Ende sitzen wir doch immer ein bisschen länger zusammen, an Kneipentischen, oder nachts in Fast-Food-Läden in Hauptbahnhöfen, in verqualmten Konferenzzimmern, in denen wir nicht hätten rauchen dürfen, und auf Festivalcampingplätzen.

Ein Jahr, von Herbst 2018 bis Herbst 2019, nahmen wir uns Zeit, um uns zu schreiben. Wir haben uns ausgefragt mit der Naivität von Kindern, bei der die Neugier des einen die Neugier der anderen auslöst. Ein Spiel mit fiesen Schubsern und dem Versprechen, uns aufzufangen. Wir stellten Fragen, die wir unseren Freund*innen schon immer stellen wollten, es aber nicht getan haben, jenseits vom Flaschendrehen. Weil sie uns zu persönlich vorkamen, zu gefährlich. Andere Fragen als zu Stockbettenzeiten (versprochen), aber gestellt mit denselben großen Augen. Und noch größerer Unverschämtheit, vielleicht. Wir wollten wissen: Wie viel Nähe halten wir aus?

Es ist ein Spiel.
Das sind seine Regeln.

1. Wir gehen davon aus, dass wir Freund*innen sind.
2. Wir interessieren uns füreinander.
3. Wir interessieren uns *wirklich* füreinander.
4. Wir fragen.
5. Wir antworten.
6. Wir haben dafür jeweils sieben Tage Zeit.
7. Wir tun es schriftlich.
8. Wir fühlen uns dabei stets mehr der Wahrheit verpflichtet als der Lüge.
9. Wir mussten auch kurz daran denken, aber Domino ist was anderes, weil wir nicht wollen, dass jemand fällt. Dass wir ins Wanken kommen, wollen wir schon.
10. Wir fangen *jetzt* an, weil wir es sonst nie tun.

Liebe, Körper, Wut & Nazis

Jenny, sagt man noch »ich liebe dich«?

JENNIFER · Ja, Fabian, in den falschen Momenten.
Zum Beispiel?
Wenn ich nicht meine, was ich sage, sondern:
Scheiße, antworte!
Weil ich eigentlich frage:
Woran merkst du, dass die Liebe weg ist?

Woran, Mads?

MADS · Liebe Jenny, das merke ich gleich. Also sofort, beim Kennenlernen schon. Ich kann der Ahnung nicht entgehen, dass das, was da aus vertrauten Worten und Blicken entsteht, eines Tages wieder vergehen wird. Man könnte es auch als schlechte Angewohnheit betrachten, die Packung immer als erstes nach dem Verfallsdatum zu wenden.

Das war nicht immer so, die erste Liebe hielt ich selbstverständlich für unendlich und ohnehin raumzeitlich völlig entgrenzt. Aber das war – keine Überraschung – ein Irrtum. Raum, Zeit und auch ihr schnell verebbendes Interesse widerlegten meinen Eindruck zügig und unmissverständlich.

Ich litt eine Weile sehr und dann war sie mir egal, was ich bis heute kaum glauben kann, denke ich an das ganze Drama zurück. Dabei hatten das natürlich alle vorher so vorausgesagt, mir Cat Stevens vorgespielt und Sarah Connor: Klar, so ist das beim ersten Mal, da glaubt man der Chemie und all ihren Versprechungen und Vertuschungen und Flunkereien und derben Lügen. Sie haben ja auch geübt. Hormone: 500 Millionen Jahre Bio-Sales-Experience.

Seitdem aber, seit ich also das notwendige Misstrauen in meine Gefühle entwickelt habe, das man gemeinhin Erwachsensein nennt, seitdem drängen sich mir die Grenzen der Zuneigung meines Gegenübers unmittelbar auf. Ein Stirnrunzeln, ein schiefes Lächeln, eine ironische Spitze, ein Offenbarungseid zu viel oder zu wenig und ich meine zu wissen, wie das die Straße runtergeht. Nicht, dass ich nicht trotzdem geliebt hätte, nicht, dass ich solche Beziehungen nicht geführt hätte. Aber immer mit der Hypothek zu wissen, dass sie ein Ablaufdatum haben, dass ich schon weiß, dass diese Liebe enden wird.

Das ist natürlich eine Zumutung, das merkt eine Partnerin sicherlich auch. Und man schleppt sich mit einem Regime aus Schuldgefühlen und Trennungsängsten durch die Monate und Jahre und weiß, es ist unabwendbar. Die Frage ist nur, welche Ausfahrt nehme ich, diese oder warte ich noch auf die nächste? Horror, wirklich, Jenny. Das habe ich bis heute nicht verwunden, dass ich jemandem so etwas angetan habe, jemandem, den ich meinte zu lieben. Mehreren.

Aber wahrscheinlich ist das gar nicht, was du meinst, mit Liebe. Und du magst mit deinem Einwand recht haben: Das Wort »Liebe« wäre wohl auch in seiner nüchternsten Interpretationsweise nicht auf eine derart dekonstruierte und romantisch-amputierte Zuneigung zu reduzieren.

Liebe braucht ja diese Totalität, die sie nie einlösen kann. Zumindest nicht aus sich heraus. Liebe ist eine extensive Emotion, sie verbraucht sich schneller, als sie regeneriert. Sie muss die alltäglichen Abklärungen und Notwendigkeiten schultern, sich von neuen Bekanntschaften und Lebensphasen in Frage stellen lassen. Das Gefühl Liebe selbst ist also nicht totalitär, sondern immer nur konditional.

Ihre Absolutheit muss erst hergestellt werden, sie muss entschieden werden. Erst die Entscheidung zur Liebe transzendiert ein spontanes Gefühl ins Unendliche: Du bist mein Partner, meine Partnerin, ich stehe zu dir, für immer. Die totale Liebe ist ein Versprechen, das man sich selbst gibt und damit erst glaubwürdig macht.

Gefühle verändern sich, das ist eine Binsenweisheit. Die Entscheidung, sich einem anderen Menschen auf immer hinzugeben, bleibt. Dieser Wille zur Fürsorge und Loyalität vergeht nicht. Das klingt vernünftig und abgeklärt, aber für mich ist das viel romantischer als eine Liebe, die sich aus sich selbst heraus schöpfen soll. Die nimmt ja die eigene Kontingenz in Kauf, weiß, dass sie kommt und vergeht und macht den Menschen dahinter völlig austauschbar. Eine Liebe kann nur zu Ende gehen, wenn man nicht die*den Partner*in liebt, sondern nur die Liebe selbst: L'amour pour l'amour. L'amour pour moi seule.

Ich fühle mich da zeitgeistig manchmal etwas deplatziert. Commitment wird ja viel auch als beengend empfunden. Das kann ich schon verstehen, vor allem, wenn man die ewige Zweisamkeit zu Hause bei den Eltern so erlebt hat. Ich kenne das nicht, keine pathogenen Partnerschaften, die ihre

Erträglichkeitsgrenze längst überschritten haben, keine Zweckehe und keine Scheidungsdramen.

Meine Eltern waren immer getrennt. Ich kenne von zu Hause nur serielle Monogamie und Patchwork, die strukturellen Kondensate der Liebe für die Liebe. Wenn die Liebe vorbei war, ging sie woanders, mit einem anderen Menschen weiter. Das ist in Ordnung, mir aber zu profan. Ich habe mich für die eine Liebe entschieden. **Steffen, für welche Liebe hast du dich entschieden?**

STEFFEN • Für den Helm, Mads, immer für den Helm.

Wenn ich »Entscheidung« lese, sehe ich einen Motorradhelm vorm inneren Auge. Entscheidungen sind Helme. Ich weiß nicht, warum sie bei mir stecken geblieben ist, die Helm-Geschichte. Ich las sie 2005 in der *Titanic*. Da erzählt Oliver Nagel von einem Preisausschreiben in seinen frühen Jugendjahren, Hauptgewinn: ein Motorradhelm, alternativ 600 DM in bar. Natürlich gewinnt der Autor, und entscheidet sich, vor die Wahl gestellt, für den Helm. »Wie wenig durchdacht jedoch, ja wie geradezu verblüffend idiotisch diese Entscheidung war«, schreibt Nagel, »fiel am nächsten Morgen zunächst meiner Mutter auf: ›Den‹, sagte sie, ›kannst du ja nicht einmal verkaufen!‹ Und tatsächlich: Nicht nur hatte ich mich für den Helm entschieden, sondern auch noch für einen, der auf meinen vierzehnjährigen Kopf passte, aber kaum auf einen halbwegs ausgewachsenen.«

Ich erinnere mich an das Jahr, in dem ich die Geschichte las, nur hinter einem grauen Schleier, eigentlich ging es mir die meiste Zeit schlecht, ein Festsitzen in meiner Heimatstadt, aber diese Anekdote, zu finden in der Rubrik »Vom Fachmann für Kenner«, begleitet mich seit fast eineinhalb

Jahrzehnten. Ich las sie noch im Bus auf dem Weg von der Innenstadt in meinen Vorort, Saarbrücken-Klarenthal, Linie 15, das Heft erworben in der Karstadt-Passage, kurz bevor ich von zu Hause weggezogen und zum Studieren ein Drittel Deutschland weiter nach Norden gegangen bin. Ich erschloss mir ein neues Umfeld, ein neues Denken und einen neuen Körper.

Die Anekdote ist geblieben. Der Helm wurde, ein wenig mehr, als mir lieb ist, ein Teil meiner Identität, meiner Erzählung von mir selbst, »I'm a loser baby, so why don't you kill me«, das ewige melancholische Chaplin-Scheitern als Narrativ, so dated wie ein *Titanic*-Witz aus dem Jahr 2005. Bloß habe ich kein schöneres finden können, keines, das weniger eklig gewesen wäre. Ich weiß nicht, was mutiger ist, das ruhig gelingende Leben oder das inszenierte Slacking. Die Lieder sind auf unserer Seite besser, aber da drüben leben die Leute ein wenig länger.

Ich hatte, um deine Frage zu beantworten, nie den Eindruck, mich entschieden zu haben, weil ich in diesen Dingen, natürlich, nicht an Entscheidungen glaube. Dass ich von meinen fast dreieinhalb Jahrzehnten nicht einmal netto zwei Jahre in einer Beziehung gewesen bin, ist vielleicht, natürlich, so könnte es sein, Entscheidung für Freiheit, für den Moment, das Ungeplante, das Fließende, für Dazwischen und ewiges Werden, gegen Sicherheit, gegen ein kapitalistisch-patriarchales Konzept, klar, vielleicht aber auch einfach eine feige Entscheidung für die Entscheidungslosigkeit, die Passivität, gegen die Intensität von Emotionen. Schmerzvermeidungsentscheidung. Oder schlicht: Das Ergebnis des Aufwachsens mit zwei Elternteilen, die irgendwie ineinander stolperten, zusammenblieben, aber nicht zu wissen schienen und scheinen, dass Liebe mehr ist als das.

Ich muss zugeben, dass mir meine Haltung oft schal wird. Denn sie ist natürlich auch eine für das Lügen, mir selbst gegenüber, meinen Bedürfnissen. So, wie ich seit Ewigkeiten Freiberufler bin und seit ewig unzufrieden, mich ständig irgendwo bewerbe, aber mich dabei stets sabotiere durch unmögliche Anschreiben oder fehlende Unterlagen, ist mein Single-Sein oft genug Selbstsabotage. In vier Wochen, an Weihnachten, werde ich zum ersten Mal seit über einem Jahr eine Frau treffen, für die ich mich tatsächlich entschieden hätte, hätte sie die Entscheidung für *mich* getroffen. Sie lebt mittlerweile auf einem anderen Kontinent. Ich konnte »ja« sagen, damals, weil sie es nie und nimmer konnte.

Wir näherten uns an, blieben beieinander wie jene Mathe-Grundkurs-Asymptote, in der sich der Graph einer Funktion einer Linie immer weiter annähert, ohne sie je zu schneiden. Wir haben die Unendlichkeit der Nichtberührung dann etwas forciert zu durchbrechen versucht. In einem Sommer vor drei Jahren zog ich zusammen mit ihr in eine Wohnung in einer anderen Stadt, nach Leipzig, zwei Zimmer, Küche, Bad zur Zwischenmiete im Westen. Sie ließ mich dort alleine, sie kam einfach nicht. Zurück in Berlin, Monate später, sahen wir uns kaum noch. Der Sommer war aber immerhin gut wie selten einer davor oder danach, freedom's schließlich just another word for nothing left to lose, und ich war jung, allein und woanders.

Das ist mein »Ja«, ein drehbuchreif dramatisches, aber dennoch recht eigentlich, gegenüber deiner Entscheidung, Mads, für die eine Liebe und eine Familie, traurig risikoloses. Und klar, da sind Feigheit und Lügen. Dass ich in der letzten

Woche eine Frau besucht habe, die ich, zum Beispiel, eine »Geliebte« nennen könnte, habe ich der Frau in Berlin, mit der ich mich gerade vielleicht beinahe auf eine Beziehung zubewege, nur sehr durch die Blume gesagt, ich Klischee-Dude. Dass ich euch hier davon erzähle, sagt einiges darüber aus, wie wenig ich darauf vertraue, dass eine der beiden noch da ist, wenn das Buch rauskommt.

Ich wünschte, ich könnte öfter eine Entscheidung für die eine Liebe treffen, auch wenn es bloß eine serielle eine Liebe ist. Aber ich bin in diesem Fehlen stabil und, ja, irgendwie glücklich. Ich lasse mich auf Leute schnell ein, teile eine mir selbst unheimliche, aber verführerisch kribbelnde Intimität mit vielen Menschen, genieße jedes Vertrautwerden neu, jede Begegnung, jede Sicherheit für Minuten. Ich wachte nie neben einem Menschen auf und schämte mich meiner selbst, nie neben einem Menschen, mit dem ich mich nicht wohl gefühlt hätte. Meine Liebe kennt keinen Walk of Shame, aber viel Wärme. Ich möchte auch nach Jahren bei OkCupid keine meiner Begegnungen missen. Die vielen sind nie wahllos gewesen, die meisten waren sehr total und ehrlich.

Um Selbstbestätigung geht es dabei, das möchte ich mir gerne glauben, schon lange nicht mehr, ganz sicher aber auch nie um Sex, sondern, tatsächlich, um den Moment. »Freedom is a verb«, hat der Klezmer-Punk Daniel Kahn in einen Song geschrieben, Liebe auch, etwas, was sich durch Handlungsweisen herstellt, in denen ich mich wohlfühle. Viele Menschen, die heute enge Freund*innen sind, trafen mich als Funken von Liebe und manchmal als Feuerwerk. Die Entscheidung gegen die Liebe – oder für eine andere Liebe, viel eher, andere Temperaturen von Liebe – ist natürlich ein Helm. Davon abgesehen, dass es doof ist, den Helm zu wählen, hält er aber doch auch safe and warm. Er minimiert das Risiko bei einem Leben, das auf Sicherheit gern verzichtet.

Vielleicht mehr noch als Nagels Geschichte ist mir die im gleichen *Titanic*-Heft wenige Zeilen weiter unten stehende Nacherzählung von Stefan Gärtner in Erinnerung, eine andere Perspektive auf jenen Abend in Frankfurt, an dem Oliver Nagel die Geschichte ausbreitete. »Die ganze Runde hat über die Geschichte vom Helm so endlos und erkenntnisvoll und tatsächlich glücksnah gelacht, daß an diesem Wirtshaustisch, in später dialektischer Verschränkung, auf einmal alles richtig war, auch jene schlimm entscheidenden Momente, die da waren und die da noch kommen und in denen wir, aus melancholischer Ergeben- oder einfach sturer Blödheit, sagen werden, und zwar mit allem Stolz, dessen wir noch fähig sind: Ich nehme den Helm. Den Helm! Den Helm her, Sie Arschloch!«

Dieses Glück verstehe ich auch, ich kenne es. Überhaupt: Vielleicht müssen wir darüber reden, statt über die Art, wie wir unsere Liebe rationalisieren. **Fabian, geh du voran: Wann warst du, wann bist du glücklich?**

FABIAN • Ich bin glücklich, Steffen, wenn J Mascis in »Whatever's Cool With Me« beim Übergang von der Bridge in den Refrain ein Gitarrensolo schrubbt und dann doch noch die Kurve kriegt und, lakonisch halt, sagt, »Can't figure out a way to play / it up so that you wanna say / whatever's cool with me«.

Musik macht mich glücklich, vor allem, wenn sich in ganz bestimmten Momenten meine Kopfhaut ganz oben so anfühlt, als würde sie abrupt vollflächig einschlafen, es kribbelt dann ohne Ende und von den Haarwurzeln fließen feste

Signale ins Hirn und von dort aus weiter runter, sodass ich erstmal ganz tief Luft holen muss. Bei einem Konzert ist das dann so, dass sich der ganze Magenbereich zuzieht und ich das Atmen vergesse, ein bisschen so, wie wenn man kurz vorm ersten Mal Kotzen ist, wenn man etwas Schlechtes gegessen hat.

Ich bin glücklich, wenn ich mir ein Mal im Jahr ein richtig, richtig geiles Essen leisten kann. Im Berliner Restaurant Panama war ich zuletzt, mit meiner Freundin. Und, boy, es war verrückt gut. Das Tartar, dieses Schabefleisch, rohes Hackfleisch vom Rind in vornehmer Portionierung, ich habe es, ernsthaft, beim Essen in den Extremitäten gespürt. Glücklich bin ich besonders, wenn ich immer wieder feststelle, wie gern ich mit meiner Freundin zusammenlebe.

Glücklichsein ist aber kein anhaltender Zustand, es flackert auf, im besten Fall aus diffuser Zufriedenheit heraus. Der Begriff »Glück« selbst bezieht sich entweder auf ein positives Schicksal oder auf einen positiven Zufall. So steht es zumindest irgendwo im Internet. Menschen wären demnach sowieso nur eingeschränkt in der Lage, ihr eigenes Glück zu schmieden. Glück ist vielleicht vielmehr auch, wenn man es in einem bestimmten Moment als solches erkennen kann. Und seit Kai Strittmatters *Gebrauchsanweisung für China* weiß ich auch: »Das chinesische Wort für Glück ist *kuai le:* ›die flüchtige Freude‹ [...].«

Neulich war ich zur Familie, Onkels, Oma, Cousins, Tanten, eingeladen. Unsere Familientreffen reduzieren sich aufgrund weiter Entfernungen meist auf einen halben, mal einen ganzen Tag. Wir kommen zusammen, wir sitzen an Tischen, wir essen, wir trinken Kaffee, es wird viel und laut geredet und manchmal geht's zum zwischenzeitlichen

Durchatmen Richtung Klo oder die Treppe rauf und wieder runter. Vielleicht ist das dieses Ding Zugehörigkeit vs. Autonomie. Ich will ja dazugehören und trotzdem hab ich Fluchtreflexe, will für mich und allein sein. Und die Familie soll man ja lieben, darin sollen ja auch Glück und Glücklichsein liegen. Das ist aber eben auch schwer und anstrengend manchmal, kann man sich ja nicht aussuchen, um das jetzt mal zu klischeeisieren. Und diese Spannung tut weh.

Kurz vor einem geplanten Besuch, 2019 war das, sagte ich ab. Infekt, Stress, da kam alles auf einmal und dann brach ich zusammen, flennte wie sonstwas. Ich hab mich so beschissen gefühlt, so weit weg, zu selten da, vielleicht. Daran wollte ich was ändern und schließlich fuhren wir nicht nach Italien oder Frankreich, sondern tingelten im Sommerurlaub die Familie ab. Da hab ich vielleicht auch ein bisschen an meinem Glücklichsein gebastelt.

Was mich natürlich auch immer wieder zufrieden bis glücklich macht, sind Freund*innen. Menschen, die ich schon seit dem Kindergarten oder seit der Grundschule kenne und mit denen und deren Kindern ich heute Silvester feiere. Ab und zu frage ich mich, ob es diese ganz besonderen Menschen, solche ganz engen Bindungen, ob es das nur in der Schule und im Kindergarten wirklich gab oder ob sie nur sein können, weil sie schon so lange dauern: **Wer ist dein*e beste*r Freund*in, Jenny?**

JENNIFER ·

(Er)

Er war jeden Tag da und ich habe es nicht gemerkt.
Jetzt ist er weg und ich merke es jeden Tag.
Ob man noch »ich liebe dich« sagt, hast du gefragt, Fabian.

Ja, in den falschen Momenten, habe ich geantwortet.
Zum Beispiel?
Nachdem ich gemerkt hatte, dass er jeden Tag da gewesen war.
Bevor er aufhörte, jeden Tag da zu sein.
Ob man noch »ich liebe dich« sagt, hast du gefragt.
Ja, in den falschen Momenten, habe ich geantwortet.
Zum Beispiel?
Als wir begannen zu merken, was wir sind.
Und aufhörten zu sein.

(Sie)
Ich liebe dich.
Weil mir keine Beispiele für falsche Momente zwischen uns einfallen.
Weil ich weiß, dass wir nichts mehr oder weniger sein werden, wenn ich es sage.

Als beste Freundinnen.

MADS • So Jenny, jetzt ist aber auch mal gut. Klar, es gibt Dinge, die lassen sich nicht in klaren Worten, in vollendeten Argumenten oder auch nur vollständigen Satzkonstruktionen ausdrücken. Aber das hier ist deine zweite Antwort in diesem Kapitel und es ist wieder nur (sic!) ein Gedicht. Das ist doch poetisches Hakenschlagen. Ich rieche Angst! Als hättest du nicht die Sprache zu sagen, was du denkst, als fehlten dir sonst die Worte und Bilder. Ich glaube dir das nicht. Also deine Worte schon, ganz sicher, aber ich glaube dir nicht, dass die Lücken, die Abstraktion, das Ungefähre hier mehr erzählt, als wenn du einfach erzählen würdest.

Gut, ich glaube das meistens nicht. Ich halte einen Großteil von dem, was man Lyrik, Kunst oder auch nur Ästhetik nennt, für feige Ausrede, für den Rückzug ins Ungefähre, für Nebelbomben und reine Angst vor der Banalität der eigenen Gedanken.

Das, und das haben ja schon Klügere gesagt, das kann man ja immer gar nicht glauben, dass die eigenen Gedanken völlig banal sind und dann verdreht man sie in der Sprache oder malt was an oder schweißt Altmetall zu Türmen auf. Und versucht, auch den letzten Furz ästhetisch zu transzendieren. Und klar: Jeder Text ist klüger als seine Autorin. Es steckt immer mehr Kultur und Zeitgeist in der Ästhetik des Mediums als in gefeilten Argumenten. Da liest sich mehr raus, als mal reingesteckt wurde. Aber das trifft hier doch nicht zu. Das ist sicher nicht banal, wovon du da sprichst. Ich verwette meine Leertaste darauf, dass du mehr sagen könntest, als du willst. Und wenn du nicht willst, auch ok, aber dann sag das doch!

JENNIFER • Mads, touché, aber die Sache ist die: Das ist kein Furz für mich, das ist das Gegenteil. Kontrolle nämlich. Nein: vermeintliche Kontrolle, denn geklappt hat das ja nie. Liebe ist nicht die schönste Sache der Welt, Liebe ist Bedrohung. Deswegen stelle ich mich tot. Es gibt nämlich nur eine Sache, die noch gefährlicher ist als Liebe: verbalisierte Liebe. Da steht man auf der Lichtung, da wird man verletzt. Immer. Wir sind da alle angeschossen, aber manche regenerieren sich eben schneller. Für mich gilt: Die Wunde ist nie ganz verheilt und die Narbe zieht, sobald Gefahr im Anmarsch ist. Ein Mensch, den ich mögen könnte, reicht da schon. Über Ansätze einer Beziehung möchte ich gar nicht nachdenken. Und wenn ich Beziehung sage, meine ich alle

Formen. Eine*r gibt ja immer mehr, aber die mit »Ich liebe dich«-Potenzial drohen mich wirklich umzubringen. Also bringe ich sie vorher um.

Kennst du die Waage mit Autonomiestreben auf der einen und Verlustangst auf der anderen Seite? Sie kippt stabil, seit ich die Rechtschreibfehler in Thomas G.s Liebesbrief angestrichen habe. Mit sieben. Ich schiebe weg, ich ziehe ran, ich flüchte, ich klammere – und nie bin ich: genug. Wie soll ich also ich selbst bleiben, wenn ich Platz für jemand anderen machen muss? Im niedlichsten Fall bin ich ein flimmerndes Glühwürmchen, im Normalfall eine tickende Zeitbombe. Mit dem Unterschied, dass ich ausschließlich implodiere, weil ich niemanden mit reinziehen möchte. Also gaukele ich mir vor, dass keiner Wind davon bekommt, wenn ich innerlich krepiere, während wir aufeinanderliegen. Jede Partnerschaft meine kleine Supernova.

Aber ich bin dran, Mads, ich habe es nämlich gesagt. Neulich, nachdem ich es wieder nicht sagen konnte, obwohl ich es fühlte. Neulich, nachdem ich damit wieder jemanden sehr verletzt habe, der eigentlich das Gegenteil verdient hat. Und der sich trotzdem die Zeitbombe ans Bein bindet. Und sie streichelt, als sei sie aus Watte. Nicht die aus Zucker. Starke, unverwüstliche Powerwatte. Als sei da gar nichts Bedrohliches, obwohl er wahrscheinlich die gleiche scheiß Angst hat. Denn sicher hatte er auch kleine Supernovä in seinem Leben, zumindest hat er Narben, die ziehen. Aber er kann das eben besser mit der Waage. Und im Zweifelsfall so gut, dass er zwei Waagen ins Gleichgewicht bringt. Zumindest ein Graffiti und eine Paradiescreme lang, eine Schallplatte, die zur Übernachtung wächst, zu einer Woche in Exarchia. Für Momente, die irgendwann Zeit ergeben.

Und wie ging gleich dieser Klugscheißerspruch mit der Zeit und der Heilung? Ich werde niemals aufhören zu ticken, aber im besten Fall explodieren wir irgendwann zusammen. Ich liebe dich nämlich, du süßes Risikogeschäft mit kalten Knien und Sommersprosse unter dem rechten Auge (von mir aus links). Und außerdem hast du recht: Wir leben jetzt, warum nicht on the edge? Also koch mir endlich deine Spezialerdnusssoße aus Erdnusssoße und Öl und ich verspreche: Ich werde sie äußerlich lieben, auch wenn ich innerlich krepiere.

Das war jetzt wieder so ein Gedichtverschnitt, Mads. Sorry dafür, aber der Rest war doch ganz konkret und irgendwo braucht man ja eine Plattform. Denn wir wissen ja alle, wie es um den Markt für solche Textausbrüche steht, besonders Steffen. Sonst würde er nicht jedes Mal um sein Leben schreiben. Speaking of sich nackig machen und vermeintliche Kontrolle, **Fabian: Wann und woran hast du gemerkt, dass aus Freundschaft romantische Liebe wurde? Und fiel es dir schwer, zu unterscheiden?**

FABIAN • Jenny, das war so: Wir waren auf dem Gymnasium in der gleichen Stufe, küssten uns einmal auf dem Bolzplatz. Dann hatte sie ältere Freunde. Die fanden wir alle toll, deswegen kam niemand auf die Idee, dass sie einen von uns auch toll finden könnte. Im Leistungskurs Deutsch, verriet sie später, merkte sie, dass sie mich gut fand. Wir saßen nebeneinander. Ich fand sie auch gut. Richtig sexy fand ich sie dann erst nach der Schule. Sie hatte auch keine älteren Freunde mehr.

Wir lebten schon in unterschiedlichen Städten. Ich besuchte sie, sie besuchte mich, wir saßen zusammen daheim bei Freund*innen auf der Terrasse und merkten, dass da etwas kam. Aber wie gesagt, Jenny, es war nicht schwer zu unterscheiden. Ich zog dann in ihre Stadt, war in ihrem Leben, das ging auch eine Weile gut und war schön. Irgendwann wurde es weniger.

Dann war ich auf der anderen Seite der Welt, sie besuchte mich. Am Flughafen rutschte mir dieser Satz raus: »Irgendwie ist es so selbstverständlich, dass du hier bist.« Was ich meinte, waren the wonders of traveling, setz' dich in einen Flieger und sei sechs Stunden später da, wie gebeamt, schön dass du hier bist, ich habe mich dir gar nicht so fern gefühlt, die ganze Zeit, vielleicht ein bisschen. Ich konnte es nicht richtigstellen. Während ihres Besuchs beendeten wir die Beziehung.

Später verliebte sie sich dann in einen Freund und stellte fest, dass sie immer wieder Menschen gut findet, die sie schon lange kennt. Dann verliebte sie sich wieder in einen Freund. Heute haben sie zwei coole Kinder und es scheint alles gut zu sein. Zwischen uns ist es auch okay, aber distanziert. Ein Freund sagte mal, er schließe ein Buch nach dem letzten Kapitel. Das kann ich verstehen, finde es aber auch ein bisschen traurig, deswegen fahre ich die Zwischenlösung, wenn man so will. **Wie siehst du das, Mads? Wie erhältst du Freundschaften?**

MADS · Nee, da glaube ich auch nicht dran, an dieses letzte Kapitel. Freundschaften, Partnerschaften, Beziehungen, whatever haben ja keinen Leineneinband oder gar dickes Leder, das man mit Wucht auf die letzte Seite werfen könnte, sodass der Staub wie ein letzter Atemzug aus dem vergilbten Pergament weht. Was ich meine: Beziehungen haben keine natürlichen Grenzen. Menschen werden geboren und sterben, klar, aber das hängt nur in Ausnahmen mit dem Beginn und dem Ende einer Beziehung zusammen, eigentlich nur bei engen Verwandten. Und auch da freut man sich ja schon auf die neuen, liebt sie schon, bevor sie eintreffen und betrauert die alten, hält Zwiesprache, unterwirft sich ihrem Urteil, selbst wenn sie längst nicht mehr da sind.

Die meisten Beziehungen finden irgendwo dazwischen statt, zwischen Geburt und Tod, sie beginnen und enden. Aber welche Geschichte sie erzählen und welches jetzt auch wirklich das verdammt letzte Kapitel ist, oder wenigstens das beste Ende unter verschiedenen möglichen, das weiß doch niemand. Also gut, man kann es ahnen, wenn man sich eh schon lange nichts mehr zu sagen hatte, wenn die Gesten immer mechanischer werden, wenn die Uhr und nicht die Gespräche die Dauer der Begegnungen zu bestimmen beginnt. Niemand möchte lebenserhaltende Maßnahmen, aber wann weiß man denn, dass es so weit ist? Ich wäre nicht bereit, den Stecker zu ziehen, wenn sich da noch so viel ergeben könnte, so viel Schönes.

Das ist natürlich etwas absurd, dass ich das jetzt schreibe, ich, der keinen Kontakt mehr hat zu irgendeiner seiner ehemaligen Partnerinnen. Ich finde das selbst befremdlich, ich kann es aber auch nicht erklären. Irgendwie war das Ende dann doch zu brutal für mindestens eine*n von uns, als dass man da am nächsten Tag hätte sagen können: »Und, gut geschlafen?«, »Hast du den *Tatort* gesehen?«, »Könntest du vielleicht meine Katze füttern, während ich mich drei Tage in die Pannebar lege?«

Andererseits habe ich das auch nie ganz verstanden, dieses »gute Freunde bleiben«-Ding. Wir waren ja aus gutem

Grund nicht befreundet. Wir waren ja verliebt. Wenn Steffen erzählt, was für tolle Menschen er übers Daten kennengelernt hat, und wie schön das ist, mit alten Partner*innen noch befreundet zu sein, dann klingt das für mich, als wäre Freundschaft nur die Sparversion von Liebe, als sei beides eigentlich das Gleiche, höchstens graduell unterscheidbar.

Das verstehe ich nicht. Für mich hat beides wenig miteinander zu tun. Natürlich wird mir warm ums Herz, wenn ich alte Freund*innen sehe, aber das hat ja nichts von der Tragik der Liebe, mit dem wehmütigen Gefühl, der*dem anderen nie so nahe sein zu können, wie die eigene Sehnsucht reicht.

Nie bin ich auf einer Party einem Freund von Raum zu Raum gefolgt, weil seine Nähe mich magnetisiert hat. Nie hatte ich das Gefühl, ganze Radioprogramme von Beyoncé bis Herzbuben seien nur Nacherzählungen meiner Freundschaften. Nie hat der Gedanke an einen Freund oder eine Freundin den Rhythmus meines Atems diktiert. Nie haben meine Knie nachgegeben, als ein Freund mir zu tief in die Augen geschaut hat. Nie hat mich deren Abwesenheit nachts aufwachen und meine Körperteile in der Ahnung nachzählen lassen, eines fehlte.

Ich habe ernste Zweifel daran, dass wir das Gleiche meinen, wenn wir das Wort »Liebe« sagen. Oder aber es ist ganz anders: Meinen wir eigentlich das Gleiche, wenn wir »Freundschaft« sagen? Vielleicht bekomme ich es ja auch deshalb nicht zusammen. Was ist denn Freundschaft für euch?

Freundschaft kommt für mich irgendwie aus der Waagerechten. Ich erinnere mich daran, wie ich in meinem alten WG-Zimmer lag, in Marburg, zurückgekommen für eine jener Partys, die dieses Haus seit einem Vierteljahrhundert zusammenhielten. Es war aber schon der nächste Tag und ich lag da und wir lagen alle eigentlich nur da, verteilt auf Couchs, Betten und Boden. Wir redeten nicht viel und dachten noch weniger. Wir waren ganz damit erfüllt, beieinander zu sein.

Außer Esther, die lernte oben unterm Dach für ihr Physikum, aber wir riefen sie in regelmäßigen Abständen übers Festnetz an, um sie zu bitten, Dinge bei Google einzutippen, die uns bewegten, etwa ob Panama wirklich so schön sei, wie Janosch behauptet, oder ob es einen Pizzalieferdienst gäbe, der am Sonntag auch in die Vorstadt liefert. Sie bestätigte beides und wir nahmen es schweigend hin.

Dass sie nicht fragte, warum wir das nicht selbst eintippen konnten, weil sie genau wusste, wie wir uns fühlten, weil sie sich ja auch so fühlte, weil wir alle miteinander ein Gefühl waren, das war Freundschaft. Wir bewegten uns nicht an diesem Tag, außer dass sich die Haut um unsere Augenwinkel gelegentlich kräuselte, wenn wir aus dem Fenster in den endlosen Himmel schauten, sodass man selbst nicht wusste, ob man jetzt lachen oder heulen will. Vielleicht, weil es uns doch etwas absurd erschien, dass einfach niemand aufstand, wahrscheinlich aber vor allem, weil wir feststellten, dass wir ziemlich glücklich waren, wir alle miteinander, obwohl wir uns eigentlich nie sahen, kaum sprachen und wahrscheinlich auch nie wieder so zusammenkommen würden.

Ich glaube, das ist für mich Freundschaft, dass man keine Erwartungen aneinander hat, nicht in dem Moment und nicht darüber hinaus. Dass niemand Gastgeber*in ist und niemand Gast, dass niemand höflich ist oder bemüht, sondern dass man sich darauf verlassen kann, dass die*der andere nichts investiert, was Verbindlichkeiten schaffen würde, die sich zu Schuldenbergen türmen, die das aufrichtige Interesse aneinander schließlich erdrücken würden. Echte Freundschaft ist kein Tauschgeschäft, sondern ein Abschreibungsobjekt.

Keine Erwartungen, keine Enttäuschung, kein Aufrechnen, sondern nur aufrichtige Akzeptanz dessen, was man vorfindet am Gegenüber, in all seiner Ungestalt. Ich meine damit nicht, dass man vor Freund*innen »ganz man selbst« sein könne. Mir geht es darum, dass man vor Freund*innen eben gar nicht irgendwer sein muss. Freund*innen müssen keine Geschichte von sich erzählen, müssen nicht konsistent sein, sich nicht mit Kraft auf jenen Aggregatzustand runterkühlen, den wir gemeinhin Charakter nennen.

Aber deine Frage war ja eine andere, Fabian. Du wolltest wissen, wie ich Freundschaften erhalte. Das ist ja eine Glaubensfrage: Kann man etwas künstlich erhalten, was sich eigentlich nur von Authentizität nährt? Ist das wirklich eine freundschaftliche Geste, wenn man anruft, weil man sich verpflichtet fühlt, weil man das Gefühl hat, man müsste sich mal wieder melden?

In Hamburg habe ich mal ein Wochenende mit einem Kerl verbracht, den ich dort gerade erst zufällig kennengelernt hatte. Wir tranken, rauchten, diskutierten, dekonstruierten die Systemtheorie auf ihre verwaltungsjuristische Genese hin und pöbelten aus dem fahrenden Auto Tourist*innen auf der Reeperbahn an. Zwei Tage hätten gereicht, sich ewige Freundschaft zu schwören. Beim Abschied sagte er, ich könne ihn immer anrufen, er werde allerdings nie Zeit haben. Einen freundschaftlicheren Abschied hätte ich mir nicht wünschen können. Wir sahen uns nie wieder.

Ich glaube, Freundschaft versteckt sich hinter Fragen, aufrichtigen Fragen. Aber dafür muss man sich natürlich auch für andere interessieren, kann sich nicht nur um sich selbst drehen, was ja irgendwie Mode ist, weil Verwirklichung und man selbst ganz wichtig und viel zu grübeln und so. **Interessierst du dich für andere, Steffen, und wenn ja, wie sehr?**

STEFFEN · Ich tue mich schwer mit dem Thema Freundschaft, Mads. Das ist ja ganz offensichtlich, du hast das schon gut gelesen, eben, und ich hoffte noch, ich kann es einfach aussitzen, hier. Na gut, touché, Mads, schon zum zweiten Mal! Jetzt überlege ich, wer meine Freund*innen sind, und ärgere mich, wie so oft, dass sich in meiner Traumbesetzung eines Freundeskreises so viele zu vergebende Stellen auftun: bei den alten Einflussreichen genauso wie bei den Menschen, mit denen in WG-Küchen drei Tage durchzu-keta-n wäre. Meine bösen Albträume, ausgeschlossen zu sein, wo es dreckig wird oder, ganz im Gegenteil dann ja wieder, wo das Schicksal der Welt sich verhandelt. Ich will Jesus und Judas und habe euch. Na ja.

Und dann befürchte ich manchmal, so viele Menschen zu kennen, die ich Freund*innen nenne, dass ich den Überblick verliere. Und dabei nicht ins Vermissen komme, weil ich so sehr damit beschäftigt bin, mehr Menschen kennenzulernen. Ich bin süchtig danach, wie beim Verlieben, nicht umsonst sind viele der Menschen, die heute meine Freund*innen sind, Frauen, die ich mit Knutschen kennenlernte und Drama und Flackern, um sie dann weiterziehen zu lassen, zu einem anderen Feld meines Sozialspiels. Vielleicht halte ich sie so auf Abstand, vielleicht zeugt es eher von meinen integrativen Fähigkeiten, Affären und gescheiterte Beziehungsanläufe so zu beenden, dass ein emotionaler Mehrwert entsteht. Oft überrascht es mich dann, wie wichtig ich

Menschen werde, wie Menschen sich als enge Freund*innen verstehen, die ich selbst in einem, well, irgendwo mittleren Spektrum verorten würde, warm, schon, aber schon ein wenig gemischt mit kalt, lauwarm.

Die Frau, mit der ich noch immer keine als das benannte Beziehung habe, obwohl sie sich schon länger dort hält, wo es heiß ist, sie meint jedenfalls, ich hätte eigentlich keine Freund*innen, sondern einfach Menschen um mich, die etwas auf mich projizieren und mich, als Signifikant, quasi, heimlich lieben. Wir stritten uns darüber, sie fürchtet, auch sie sei so, eigentlich. Sie will mich auf andere Weise mögen, sagt sie, andere Aspekte meiner selbst als die, die Menschen um mich herum an mir gut finden.

Auf der Onlinedating-Plattform liste ich auf, was Menschen an mir wahrnehmen: »Pathos, Künstlichkeit, Wolverine«. Manchmal fürchte ich, dass diese aus meinem vulgär-poststrukturalistischen Pop-Fanatismus heraus entwickelte Post-Authentizität mich selbst, als »mich selbst«, nur noch dann bemerkbar macht, wenn die Maske versagt, im Bett, in meinen komischen Polit-Neurosen, in Ausbrüchen also und Hemmungen.

Mads, du fragst mich, ob ich mich für Menschen interessiere. Ich vermute, die Antwort ist Nein. Das ist die falsche, für einen guten Menschen, aber auch für mich als Journalist und für mich als Kulturwissenschaftler. Ich interessiere mich einen Scheiß für die Menschen in meinem Umfeld, eigentlich, sofern mir ihr Struggle nicht etwas bringt, und meistens bringt er mir ja etwas: zumindest das Gefühl, gebraucht zu werden, oder eben, ein guter Freund zu sein. Außerdem liebe ich schließlich Geschichten. Würde man mich böse zeichnen wollen, könnte man sagen, ich würde mir ganze

Herden an Freund*innen halten, um mit ihren Alltagsissues, Anekdoten und realen Problemen mein eigenes Lager an Erzählstoff zu füllen. Nicht mal für die Kunst, sondern zum Gewinnen weiterer Freundschaften, denn wer ist nicht gerne mit einem Menschen befreundet, der vor absurden Geschichten sprüht?

Vermutlich ist die Wahrheit aber wie immer bedeutend weniger krass: Ich habe zu viele Menschen in meinem Umfeld, die ich mag, die ich gerne Freund*innen nenne. Meine Hürde ist niedrig, mich auf sie einzulassen, aber sie entschwinden mir auch wieder. Aber sicher, manche bleiben auch. Und ich muss gestehen, dass das nicht einmal die Menschen sind, mit denen ich am liebsten, am meisten Zeit verbringe. Neue Leute sind einfach ein bisschen mehr entertaining.

Ich denke da zum Beispiel an Wiebke, die in Kassel über Zoowärter promovierte, nachdem ihre Hildesheimer Mittelstadt-Dissertation ihr den Mind ein wenig zu doll fuckte. Die so schrecklich down war, für so lange, während ich die letzten Jahre so schrecklich gar nicht da war, weil ich konnte nicht, weil es nicht ging, die mir aber ernsthaft in meinem Leben fehlt. Die mir dann schrieb, wie man Freundschaften wiederbelebt, mit Tandem-Touren nämlich, Empfehlung der *New York Times*.

Im Winter traf ich sie wieder, zum ersten Mal seit fünf Jahren. Ich war so erleichtert. Nächste Woche fahre ich wieder runter, wir feiern das Jubiläum einer ziemlich tollen Ausstellung, die wir in Marburg gemacht haben, zehn Jahre »The basement turn. Zum Forschen in den Keller gehen«. Ich freue mich darauf, auch wenn es awkward werden sollte. Es gibt Kartoffelschnaps. Und doch Geschichten.

Was ich sagen will: Es gibt so einige dieser Menschen, für die ich mich interessiere, auch wenn ich wirklich froh bin, sie nicht in meinem Alltag zu haben, und es gibt viele Menschen, die meine Freund*innen sind, mit denen ich Zeit verbringe, die mich weniger interessieren. Vielleicht ist Interesse darum gar keine Qualität von Freundschaft, sondern von etwas anderem, komplexerer Verwobenheit als bloß gemeinsam Bälle von Kuhweiden retten, wie meine Freundschaften in Kindertagen sich fanden, und dessen Äquivalent für heute vermutlich wäre, Teile zu teilen, oder, siehe Jens Friebe, »einen Abend voller Glück: Ich leih ihn aus, du bringst ihn zurück«. Was eben nämlich auch schön ist, da lass ich nix drauf kommen.

Ich merke da, bei diesem Lied, Jenny, dass ich wenig Musik kenne, die ich wirklich mit der Liebe verbinde oder auch nur mit anderen Menschen. Ich koppele Musik zwar an meine Biografie, setze sie ein als Zwischenspeicherstand meines Lebens, aber dann bleibt sie eher, zum Beispiel wie »Abend voller Glück«, Musik der ersten Semesterwochen im Herbst auf dem WG-Balkon, nicht die Musik meiner ersten Marburger Freundin und mir. Musik lässt sich an Temperaturen heften, scheint mir, nicht an Menschen. **Wie ist das bei dir, Jenny, was ist dein Soundtrack of Love & Hate?**

JENNIFER • Mit der Musik ist es bei mir wie mit der Liebe generell, Steffen: »I'm avoiding getting too in touch with deep stuff.« Ich habe mich eigentlich nie offen über Musik reden hören, nicht mal in der allergrößten Not. Deswegen kann ich auch hier nur versteckt darüber schreiben, denn alles andere ginge nicht ab ohne das, was sonst eben noch abgeht neben der Musik, ginge nicht ohne: Pathos. Und davon wird es in diesem Buch nun wirklich schon mehr geben als uns lieb sein kann.

Jetzt fragst du aber und ich bin oft genug ausgewichen, deswegen hier die Fakten oder, was ich dafür halte:

Mama liebt Peter Maffay und ein bisschen auch seine Musik. Papa hat was übrig für Reinhard Mey, obwohl er das bislang genauso wenig bestätigt hat wie seine Vorliebe für Nugat, aber jetzt bekommt er es eben auf Lebenszeit zu jedem Anlass. Gerüchte müssen nur lang genug in der Welt sein, und das heißt: kürzer als man denkt. Dann werden sie zu Wahrheiten und erleichtern Geschenkentscheidungen zu sechzigsten Geburtstagen.

Im Schlafzimmer meiner Eltern stand ein Sack in Gitarrenform mit so einem Henkel zum Tragen dran, es gab den »Traumzauberbaum« auf Platte und auch einen Spieler mit Fusseln an der Nadel. Ich habe geflötet, gewollt habe ich das nicht. Aber anscheinend wurde mir eine natürliche Begabung für Bach-Fugen ins Klappbettchen gelegt, und das reicht ja meistens schon als Grund. Zumindest habe ich wohl welche gespielt, nur wann ich sie geübt habe, weiß ich nicht mehr, und die Einladung zum »Jugend-musiziert«-Landeswettbewerb spricht nun auch nicht gerade für das Gegenteil, also sagen wir es so: Ich bin musisch. Das kann von Nachteil sein in Logik-Klausuren und die Überheblichkeit, die Talent zuweilen mit sich bringt, macht Versagen nur noch traumatischer, wenn es passiert.

Am Morgen der Blasinstrumenten-Ensemble-Busfahrt nach Dresden habe ich jedenfalls das einzige Mal in meinem Leben verschlafen und später beim Stimmen vor versammeltem Auditorium vergessen, wie man das C greift. Solche Aussetzer kennt man ja vom Sparkassenautomaten. Aber damals hatte ich noch keine Sparkassenkarte und wusste nicht, dass einem die PIN nach der Sperrung mit Sicherheit wieder einfällt. Damals dachte ich, ich hätte irgendwas am Kopf.

Ich habe viele Jahre getanzt in hohen und in flachen Schuhen und einige in mittelhohen mit Metall an den Sohlen.

Ich habe ein paar Mal im Keller heimlich auf das Schlagzeug meiner Schwester gehauen, das mein Bruder letztens bei Ebay verkauft hat. Wahrscheinlich sogar öfter als sie selbst.

Ich habe jedes Musical einmal gesehen, außer »Cats«. Das hab' ich dreimal gesehen, und dafür, dass sie uns kurz nach der Wende – »Wende« – alle Messehallen zwischen Hamburg und Bochum gezeigt und Stage Entertainment vor der Insolvenz bewahrt haben, verdienen meine Eltern mindestens zwei Freikarten für »Holiday on Ice«. Ihre Adresse ist im System vermerkt, sie hat sich seit damals nicht geändert.

Ich habe Schwimmen aus Angst vor dem Haifisch gelernt, der Zähne hat, mein Seepferdchen machte ich im Nichtschwimmerbecken des Rhönparkhotels im All-Inclusive-Urlaub mit meinen Großeltern väterlicherseits. Opa Siegfried war Mackie, zumindest sang er wie einer, und sein Messer war ein Kamm, den er nach dem Wellenbad stets in der Hemdtasche trug bis zu seinem Tod. Vielleicht sind das, der Titelsong von *Tabaluga* und das Schweigen von Oma Helga in der Nacht, als er starb, die größten Herzschmerztracks meines Lebens. Ich habe nie um ihn geweint, nicht mal ganz leise, und langsam warte ich nicht mehr darauf, dafür habe ich umso lauter gelacht auf seiner Beerdigung, und lange nicht verstanden, warum. Damals dachte ich, es läge an der komischen Rede oder aber, ich hätte irgendwas Schlimmes am Kopf. Heute weiß ich, es lag an der Hilflosigkeit, und vielleicht werde ich irgendwann erkennen, dass es an der Wut lag, weil er einfach gegangen ist und sie und die Kinder den ganzen Rest erledigen mussten – so, wie immer.

Immer, wenn ich einen unbeantworteten Anruf einer unbekannten Nummer auf dem Telefon sehe, kann ich sicher sein, dass es Oma Helga war. Dann vergehen immer einige Tage, aber immer rufe ich zurück, und immer sprechen wir über das Handy, das sie vor Jahren geschenkt bekommen hat, und sie sagt: Weißt du, jetzt brauche ich das auch nicht mehr. Und immer frage ich: Was soll das denn heißen, jetzt auch nicht mehr, Oma? Dabei weiß ich es genauso gut, wie ich damals wusste, was es hieß, als ich mich von ihm verabschiedete und mich dann schlafen legte im Zimmer mit dem nie genutzten Balkon zum Marktplatz raus und zur Galerie Roter Turm und der ewigen Nussknackersammlung oben auf der Schrankwand ganz hinten rechts vom endlosen Flur, den entlang er den lebensgroßen Stoffhund vor mir herzog, hechelnd, ich hechelnd hinterher auf Knien in der Wohnung, die nach Kasseler roch und nach Puddingsuppe, im siebten Stock des Plattenbaus mit der Coca-Cola-Werbung auf dem Dach, wie ich ganz genau wusste, was es hieß, Steffen, als ich mich verabschiedete und dann schlafen legte unter dem Wandteppich auf dem Sofa, von dem ich immer dachte, es sei aus Brokat. Wohnungen verraten alles über Menschen. Wie die Menschen wohnten, so waren sie auch, und so bleiben sie für immer. »Ob es Liebe war, hm ja«, hat Oma Helga irgendwann gesagt, als sie wieder sprechen konnte. »Aber er sah schmuck aus in der Uniform.« Und Mackie Messer hatte im Vorwort seiner Memoiren geschrieben: »Das alles konnte ich nur erleben dank des fast fünfzigjährigen liebevollen Beistandes meiner Frau Helga.«

Ich habe viel MTV geschaut zu dieser Zeit, VIVA nur ein bisschen, auch an dem Abend, als ich auf dem Rechner abtippte, was er getippt hatte mit der Schreibmaschine auf Seite 9 zwischen den Bildern vom Haus in Mittweida und dem Haus in Oberrossau, beide befestigt mit Fotoecken: »Immer, wenn gerade niemand im Zimmer war, hörte ich heimlich Radio Beromünster. Feindsenderhören war ja zur NS-Zeit streng verboten. Vielleicht kann ich mich auch deshalb zu den ›Widerstandskämpfern‹ zählen.«

Ich habe sonntags *Spex* in der Bahnhofsbuchhandlung gelesen, statt ihn auf dem Friedhof in Chemnitz zu besuchen. Einmal habe ich es trotzdem getan, mit Papa, auf der Durchreise woanders hin. Heute würde ich das gern wiederholen, habe aber Angst, dass ich das Grab nicht finde, und noch mehr Angst, das zuzugeben, also war ich dankbar für den Familienausflug zur »Dreigroschenoper« in Halle letztens und bin es dafür, dass ich schwimmen kann.

Ich habe eine Kompaktanlage mit Kassettendeck, die ich benutze.

Ich habe meinen Eltern ein Mixtape zu Weihnachten auf einen Stick kopiert, Notizen zu jedem Song in ein Buch geschrieben und beides nie überreicht, weil ich dachte, sie würden es nicht verstehen. Heute denke ich, Saša Stanišić hat recht, wenn er schreibt: »So viele Dinge, über die wir nicht sprachen. Selten lag es nicht an mir.« Ich denke, das hätte ich auch gern geschrieben und ich denke, sie hätten es verstanden oder nicht, aber ich hätte es ihnen überreichen sollen, denn ich verstehe ja auch nicht alles, was sie tun oder sagen oder auf DVD schauen, werde aber gern darüber informiert und mache mir meine Gedanken.

Ich habe das Mixtape auch für meine Geschwister auf einen Stick kopiert und es ihnen überreicht. Habt ihr es mal angehört?

Ich habe *Spex* beerdigt, aber es gibt kein Grab, das ich besuchen könnte. Nicht einmal auf der Durchreise.

Ich habe wahrscheinlich mehr Konzerte von Bands ohne Gesang gesehen als mit, ohne zu wissen, dass ich Postrock mag.

Ich habe gerade gedacht: »We go down to the indie disco every thursday night« und daran, wie ich bei »Friday on my mind« im Ilses Erika viel länger als nötig auf der Toilette saß, weil die Hörspiele, die dort aus der Box über dem Waschbecken kamen, immer geiler waren als die Songs, die Kick'n'Rush draußen aufgelegt hat.

Ich habe eine Bassgitarre und einen Verstärker. Beides benutze ich selten, aber wenn: Dann spiele ich »Psycho Killer« in halbem Tempo und fühle mich stark.

Ich habe geweint auf dem Konzert neulich, nachdem Fabian mir bei Telegram geschrieben hatte: »Ich hätte da fast geweint auf dem Konzert.«

Ich habe ewig über deine Frage nachgedacht, Steffen, genauso ewig, wie ich eine Kassette, von der ich mir einen Teil der Antwort versprach, in einer Gürteltasche in der U7 spazieren gefahren habe, ohne dass ich sie dabei hätte abspielen können. Sie hat ein lila gepunktetes Booklet, in dem auf schwarzen Klebestreifen die Titel der Sorte Musik eingestanzt stehen, die man nur einmal hören muss, um fortan immer den Menschen zu sehen, der sie aufgenommen hat, wenn man die Augen schließt. Ich denke, alle haben Dinge im Leben, die sie nur einmal tun, aber die Konsequenzen bleiben für immer. Und ich hätte euch gern danach gefragt, aber wir haben noch viel Zeit hoffentlich, die mit meinen

Eltern ist begrenzter, also möchte ich sie zuerst fragen – Mama? Papa? – und vielleicht heben wir eure Antworten dann als Cliffhanger auf für die Fortsetzung.

Vielleicht ist es in Ordnung, wenn ich den Friedhofsbesuch nicht wiederhole.

Ich habe dir gesagt, dass es nicht ohne Pathos geht.

Und wo ich im Kopf gerade bei den Dingen hänge, über die Kinder und Eltern nicht sprechen, hast du eine Vermutung, Mads? Wie ehrlich darf man seiner Tochter zeigen, wenn man überfordert ist? Das fängt ja bei diesen »Warum-ist-der-Himmel-blau«-Fragen an, beim Überfragtsein eben. Ich meine damit aber auch so richtige Überforderung, Hilflosigkeit, Tage, an denen nichts geht. Shit happens. **Wie viel Ehrlichkeit darf oder muss Kindern gegenüber sein und wie erklärt man, wenn man nicht weiter weiß, Mads?**

MADS • Das ist echt 'ne schwierige Frage für mich, Jenny. Das weiß ich, weil ich versuche, mir die Antwort leicht zu machen: Man kann seine Überforderung schon zeigen, glaube ich, man sollte halt nur nicht überfordert sein als Eltern. Man sollte die Arschbacken zusammenkneifen und weitermachen. Ich finde, jedes Kind hat ein Recht auf ein last resort, auf jemanden, die*der dir das Gefühl gibt, immer alles im Griff zu haben. Ich hatte das und mir war das wichtig, ist es bis heute. Dass ich irgendwann skeptisch wurde, ob es eigentlich sein kann, dass ein Mensch wirklich alles im Griff hat und dass diese These dann auch mehr als einmal widerlegt wurde – geschenkt. Das Gefühl zählt.

Ich glaube nicht, dass Eltern alles wissen und können müssen. Die richtige Antwort auf die Frage: »Warum ist der Himmel blau?« ist ja auch nicht: »Wegen der Streuung der

Lichtwellen an den Sauerstoff- und Stickstoffmolekülen in der Luft«, sondern: »Interessante Frage, was meinst du denn, warum der Himmel blau ist?« Ich fühle mich nicht für die Antworten im Leben zuständig, die muss sie selbst finden. Ich fühle mich nur dafür verantwortlich, dass sie das kann.

Denn das muss man sich natürlich trauen, eigene Antworten zu finden und sich nicht nur auf das zu verlassen, was man halt so hört. Und auf diese eigenen Antworten dann auch zu vertrauen, das nennt man Souveränität, glaube ich. Es geht darum, sich selbst ernst zu nehmen. Und dafür muss man sich erstmal von anderen ernst genommen fühlen, von den eigenen Eltern zum Beispiel.

Aber das machen wir nicht, Eltern schummeln oft, sie lügen. Ich kann das verstehen, vielleicht mache ich das auch manchmal, aber ich finde das feige. Wenn wir lügen, dann doch nur, weil wir selbst überfordert sind. Diese Unsitte muss man den Kindern wirklich nicht weitergeben. Oma und Opa sind halt nicht im Himmel und auch nicht über den Regenbogen gegangen, die sind tot, tot wie die Taube, die wir gestern am Straßenrand gesehen haben. So vergammeln die jetzt auch, ja. Und das macht mich traurig, sehr, ja. Und ja, ich sterbe auch und ja, du stirbst auch. Wahrscheinlich nicht jetzt, aber wer weiß. Und ob danach was kommt: Keine Ahnung, einige sagen Ja, andere Nein. Ich glaube nicht. Macht aber nichts. Wir hatten doch hier eine schöne Zeit und Oma und Opa haben was hinterlassen in mir und dir, ein bisschen Glück vielleicht sogar.

Und das klingt grausam, aber wir hatten dieses Gespräch. Mehr als ein Mal, weil es sie beschäftigte. Und ich hatte mich darauf eingestellt, sie trösten zu müssen, aber sie war nicht traurig, sie hat genickt. Mit diesem wissenden Nicken, das man heute erst ab fünfzig haben darf. Ich denke, sie wusste, ich nehme sie ernst. Sie wusste, dass das jetzt echt ist, echt scheiße vielleicht auch, aber dass sie nicht alleine ist, in der Wirklichkeit, und dass da jemand ist, der das auch schon erträgt, der davon nicht umfällt. Das ist doch der Trost, den wir haben.

Und dann kauerte ich da unter der Decke und wusste nicht, wo der Ausgang war und versuchte meine Knie so fest an meine Brust zu pressen, dass ich mich selbst eindrücke, wegdrücke. Und sie konnte doch gerade erst laufen, gerade zwei Worte sprechen und sie kam und hob die Decke und sagte: »Papa.« Das war keine Frage, das war eine Antwort. Sei, wer du sein musst. Kneif deine scheiß Arschbacken zusammen. Vielleicht ist sie jetzt schon souveräner als ich. Hoffentlich.

Du hattest recht, Jenny, ohne Pathos geht es wahrscheinlich nicht, zumindest nicht bei uns und bei Steffen schon mal gar nicht. Nur von einem ist sowas nie zu erwarten. Fabian, ich weiß, du hast nicht viel übrig fürs Dickauftragen, du bist sparsam in deinen Gefühlsäußerungen, aber sicher nicht an Gefühlen. Ich nehme an, es gibt Umstände in deinem Leben, für die es sich lohnt, die dicken Worte aufzusparen. Deswegen versuche ich es mal ganz direkt, vielleicht erwische ich dich mit der Frage in einem dieser Momente: **Fabian, beim Gedanken an wen oder was bist du so gerührt, dass du sie, diese Worte, benutzen würdest?**

FABIAN • Mads, ich habe mich da mal reingefühlt, in diesen Moment, und antworte mit einem Brief an den Menschen, mit dem ich am innigsten bin, Lisa.

Fast wie im Traum erinnere ich mich auch an unsere erste

Begegnung, im Weimarer Winter, vor dem Nietzsche-Archiv. Dein breites Lächeln, diese Zahnlücke, deine offene Handfläche, weich und etwas faltig, so angenehm in meiner Hand. Ein Engramm, eine Stimmung, etwas, was nie weggehen wird. Neugierig hast du alles angeschaut, ich sah deinen offenen Blick für die Welt, hier, wo sie ihn einst begafften, den irr gewordenen Philosophen. Auf dem Rückweg im Auto nahmst du mich und die anderen mit, Renault Espace. Damit könne man gut in Urlaub fahren, sagtest du und ich dachte: Ja, mit MIR kannst du damit bald gut in Urlaub fahren. Ein halbes Jahr später lagen wir in der dunkelsten Nacht, am weitesten Strand der Bretagne, wir süffelten den billigsten besten Rosé der Loire. Wir hatten kein Geld und keine Geduld, aber Moules Frites und die Nebelschwaden von Roscoff.

Deine Haare waren so schön lang, eines Tages standest du vor meiner Tür, hattest dir die Haare schneiden lassen und sie waren zu kurz geworden. Du schämtest dich fast, warst irgendwie traurig für mich, weil ich mich ja auch bestimmt in deine langen Haare verliebt hatte und natürlich, klar, hatte ich mich auch in deine langen Haare verliebt. Es war dir so unangenehm, dass es zuckersüß war und überhaupt nichts, was ernsthaft schlimm zu finden wäre. Moritz sagte noch: »Die ist gut«. Schlau war er schon immer.

Du bist eine Entdeckerin, eine Kapitänin, rau und weich zur gleichen Zeit und nie verstellt, auch wenn du manchmal so tun möchtest. Du willst viel geben und übernimmst dich manchmal dabei und gehst so stark mit dir ins Gericht, viel zu stark, das brauchst du doch gar nicht. Wir ziehen uns an, stoßen uns ab, geh'n uns manchmal auf den Sack und kennen uns danach ein bisschen besser und oft kommt da noch ein bisschen mehr dazu.

Jetzt hab ich Magen-Darm und zur Ablenkung spielen wir gleich Playstation 4, wir suchen nach Gold, schießen auf Banditen, deine Haare waren plötzlich blond, steht dir gut. Ich, der halbe Hobbyhypochonder, du, wie gesagt, Kapitänin zur See, hast die Sachen im Griff, kriegst dein Leben immer besser zu greifen, kommst da in eine Ruhe rein, die auch mich beruhigt.

Der Frühling auf La Palma, der Wald von Vancouver Island, der Sonnenaufgang auf der Fähre, die Donuts in Seattle, Silvester in Warschau, unser Streit in diesem seltsamen Vorort von Paris, ich freue mich schon, was da sonst noch kommt.

Mads, noch mal höchst offiziell und tierischst nachträglich: Schön, dass ihr geheiratet habt! Wie weit führt denn die Bürokratisierung der Innigkeit? Du bist ja jemand, der sich gern krass in Dinge reinfuchst, also **sag doch mal, pro und kontra, wie ist das mit dem Ehegattensplitting?**

MADS • Ehegattensplitting, Fabian? Ging es nicht gerade noch um große Emotionen? Aber ich verstehe schon, das ist der Buchhalter in dir, der jetzt anfängt, seine Bleistifte zu spitzen: Was sind denn die schnöden Fakten, das Tristformale der Liebe? Romeo und Julia bei der Steuerberaterin: La comptabilité d'amour.

Aber du hast natürlich recht. Am Ende ist die Ehe keine Fortsetzung der romantic comedy des Kennenlernens, sie lebt nicht von der Erotik des Uneindeutigen, von dem sich unsere Liebeserzählungen seit Goethe speisen, sie ist vor allem eins: eine Institution. In ihr kristallisiert sich das flüchtige Gefühl. Sie ist der Schritt vom Nähern zur Nähe, vom Halten zum Halt, vom Lieben zur Liebe.

Substantive schaffen Fakten. Und Fakten schaffen Abhängigkeiten untereinander, ganz von selbst. Und die müssen geregelt werden. Und da gibt es einiges: Aufgebot, Gütergemeinschaft, Patientenverfügung, Sorgerecht und Sorgepflicht, Erbe, Unterhalt, Residenz, Familienname …

Die Ehe regelt. Das ist eine Erkenntnis, die älter ist als unsere Aufzeichnungen von Erkenntnissen. Sie geht den Worten schon voran. Denn anders als im Englischen oder Französischen, wo sich die Heirat vom lateinischen *mātrimōnium*, »Mutterschaft« o. ä. ableitet, also von etwas irgendwie noch Körperlichem und Zärtlichem, kommt die Ehe bei uns ganz ernsthaft vom althochdeutschen *ēwa*: »Ewigkeit, Recht, Gesetz«.

Wie fad, mag man jetzt sagen, die Liebe als Verwaltungsgut. Aber ich muss gestehen, mich rührt das: »Ewigkeit, Recht, Gesetz«. Das wollen wir einander sein. Größer geht's nicht: Gemeinsam sind wir unendlich. Das ist die Transzendenz des Profanen, der Michael-Bay-Hero-Shot vorm Traualtar.

Heiraten ist ein seriöses Geschäft. Deshalb gibt es Beamte, Zeug*innen, Urkunden und Unterschriften und natürlich Ringe. Und ich gestehe: Eheringe haben mich immer erschüttert. Der beiläufige Ernst, mit dem dieses Siegel des Einstands getragen wird: »Achso, ja, by the way: Ich übernehme Verantwortung für das Leben eines anderen Menschen, mehrerer wahrscheinlich, aber ist doch klar, oder? Macht man doch so. Als Erwachsener.«

Ich erinnere mich da an ein Gespräch mit einer guten Freundin: Dass man auch mit dreißig noch nach Hause fährt zu Weihnachten, seine Füße unter den Tisch der Eltern schiebt und wieder Kind ist. Egal wie alt man ist, man bleibt Kind, solange man selbst keine Kinder hat. Niemals würden unsere Familien auf die Idee kommen, Weihnachten bei einem kinderlosen Teil der Familie auszurichten. Wer keine Kinder hat, muss dorthin kommen, wo Kinder sind. Wir konnten das beide gefühlt verstehen, fanden das aber irgendwie nicht richtig. Beide nicht, sie ohne, ich mit Kind nicht.

Ich habe da noch mal nachgefühlt und glaube jetzt, dass das Kindbleiben nicht am Kindhaben hängt, sondern am Verantwortung übernehmen. Erst, wer nicht mehr nur für sich selbst verantwortlich ist, sondern zuvorderst für andere, für Kinder, Partner*innen, meinetwegen auch Patient*innen, Klient*innen oder Angestellte, hat sich seine familiären Bürgerrechte errungen. Und ich ahne und verstehe die Einsprüche, die man dagegen erheben kann. Aber ich muss gestehen: Ich sehe das genauso.

Ich sei schon immer 35 gewesen, hat Steffen an anderer Stelle geschrieben. Ich glaube, er hat recht. Dafür kennen wir uns jetzt wohl lang genug, dass er mir Dinge über mich erzählt, die ich noch nicht wusste. So macht es Sinn: mein Leben als Dissonanzkompensation, weil ich doch eigentlich immer 35 sein wollte und noch nicht durfte oder konnte. Ich bin jetzt 34 und näher war ich noch nie dran an mir. Ich bin gespannt aufs nächste Jahr. **Freust du dich auf die Zukunft, Steffen?**

STEFFEN • Ach Mads, komm, ich muss doch erstmal mit der Vergangenheit hinterherkommen. Ich bin mit dem Chor auf dem Land, Rittergut Dahnsdorf, Küche. Ich war schon einmal hier, vor Monaten. In diesem Haus antwortete ich auf deine Frage, »für welche Liebe« ich mich entschieden hätte, und ich schrieb über Helme und Lügen und über zwei

Frauen. Und ich kenne sie noch, beide. Jetzt schreibe ich, tatsächlich, in eine Zeitumstellung hinein, es ist 2:10 Uhr am Morgen, gleich ist es 2:10 Uhr am Morgen, und ich ziehe Striche, die dünn werden hinten, wo der Kuli sich leert, um das hier zu trennen von dem davor im Notizbuch.

Vicki aus dem Chor (singt meistens in der Alt-Stimme und manchmal im Tenor, wenn Männer fehlen) kommt rein, sie konnte nicht schlafen. Geh ins Bett, sagt sie und ich stimme zu und bleibe sitzen. Ich vermisse ein paar Dinge, die nicht aufgehen, in dem, wie ich mich hier schreibe. Ich erinnere mich, rotzebesoffen von Apotheke zu Apotheke gewankt zu sein, nachmittags um vier in einem mittleren April vor vielen Jahren, um mir Piercingnadeln zu besorgen, um mir von Susanna, der anderen Frau, über die ich damals schrieb, Susanna, die nicht nach Leipzig kam, Löcher stechen zu lassen. Nicht für irgendwelche Ringe, sondern für Löcher im Gesicht. Gefährlich sei das, sagte sie, wir beide tranken am Fenster seit um zwölf und hörten Gundermanns »Zweitbesten Sommer« und Lassie Singers' »Pärchenlüge«. Ich hätte die Lähmung in Kauf genommen, das hätte ich gemocht, die Geschichte. Heute weiß ich nicht mehr, was das war. Vermutlich ist das Loch, das zurückbleibt, sogar so noch größer.

Die Frau, mit der ich etwas führe, was vielleicht sogar eine Beziehung ist, sein müsste, auch so benannt werden müsste: Jessica. Sie las in diesem fortlaufenden Textdokument, zufällig, offener Link auf ihrem Laptop, den ich mir zuvor geliehen hatte, klingelte morgens um sieben an meiner Tür und wollte mich dann nicht mehr sehen. Dann sahen wir uns trotzdem wieder. Dann sagten wir, dass wir zusammen sind, irgendwann. Sagten es vielleicht nicht einmal, ich glaube, ich habe das einfach für mich mit mir besprochen. Dann stritten wir uns nachts an der U-Bahn Bayerischer Platz, sehr lange. Ich sagte, sie sei ein Fremdkörper in meinem Leben. Sie sagte, ich sei ein ekelhafter Mensch. Ich entschuldigte mich. Stunden später klapperte sie mit den Zähnen und biss mit wirr aufgelockten Haaren wie Rüdiger, der kleine Vampir, in meinen Oberschenkel.

Beziehungen sind für mich immer Kindergartenlachen: durch Regression ins Erwachsenendasein. Ich habe mich entschieden, also, weil ich Entscheidung lernen wollte. Jetzt ist es an allen Ecken und Kanten zu wenig und in der Mitte zu viel. Ich sag »ich liebe dich« und ich mein's. Ich weiß nicht, was ich will. Kinder ja, sage ich, aber nicht mit dir. Tags darauf stehen wir vor einer Skulptur einer Birne im Flur eines Schlosses in Brandenburg und essen mitgebrachte Supermarktdonuts. Und für sie ist das Arbeit und ich verkrieche mich nur raus aus der Stadt. Flucht und Regression. Das ist schon alles okay, glaube ich, hoffe ich. Die Zweifel müssen vielleicht da sein. Oder, Mads? Erwachsenwerden.

Ich bin manchmal verliebt und manchmal schäme ich mich. Dass Jessica am Rande bleibt, wo sie ins Zentrum dringt und ich sie nicht dorthin vorlassen kann, ich mich wegdrehe, innerlich unruhig werde, wenn ich sie mitnehme, in dieses komische Spiel »Hauptstadtkulturblase«, das ich für mich aufgebaut habe, auch wenn ich weiß, dass sie es wohl auch spielen könnte. Ich ekele mich wirklich vor Beziehungen, ich will so nicht gelesen werden, als Anteil. Ich habe Beziehungen als Kapitulation lesen gelernt, in dem Moment, wo ich verstand, dass ich sie führen kann.

Wir haben keinen penetrativen Sex. Ich kriege keinen hoch. Wir experimentieren halbherzig. Wir bemühen uns, wollen. Ich glaube: Nicht sie ist der Fremdkörper, sondern ich in meinem Leben, wenn ich Teil eines Miteinanders bin. Das, was wir tun, ist alles also zu lesen als: Ich gegen mich als Investition in eine nachhaltige Zukunft, gegen jede Intuition. Trotzdem der Versuch, sie nicht dafür zu instrumentalisieren, sondern als Gegenüber wahrzunehmen. Mir geht es besser, seit sie da ist, das steht schon fest, manchmal fühle ich mich sogar mit mir wohl, weil ich mich mit ihr wohl fühle. Aber Glück war schon immer eine ziemlich doofe Bezugsgröße für Menschen mit instabilem Selbst.

Das ist der Status quo, nun. Wo du Zukunft sagst, Mads, ist bei mir wenig Vorfreude und viel schlechtes Gewissen und Angst, vor den nächsten Entscheidungen. Im Blick nach vorne fühle ich mich wie im Biounterricht, wenn ich die Hausaufgaben nicht gemacht habe und der Lehrer schon aufgestanden ist: Hefte raus, Kontrolle. Ich muss lernen, dazu zu stehen, was ich hier tue, auch wenn es eben gegen ein paar Grundsätze dessen geht, was ich mir für mich vorstellte. Das heißt auch, übrigens, davon zu erzählen. Wie macht man das? Wie wird man Teil der Erzählung einer Beziehung, wenn es der very core of eigene Identität ist, allein zu sein?

Vielleicht ist das meine nostalgische Sehnsucht nach der unmöglichen Beziehung mit Susanna: Dass es da eine sinnvolle Erzählung gegeben hätte, die es in der Realität dessen, was ich mit Jessica lebe, schlicht nicht gibt. Weil, auch schlicht: Realität das eben nicht hergibt. Weil man ja doch nie Simone de Beauvoir und Sartre ist, und oft genug nicht einmal Robert und Clara Schumann, zu deren Musik ich vorhin beim Proben ganz ernsthaft kurz schlucken musste. Und das ist ja nicht nur ein theoretisches, sondern auch ein ganz konkretes Problem. Ernsthaft, wie macht man das, Beziehung erzählen? Ruft man die Menschen an, in die man ja doch immer etwas verliebt geblieben ist, und erzählt man denen dann, dass es da jemanden gibt, und ich bin jetzt eben erwachsen? Ich schäme mich dafür, eine Beziehung zu führen, vor so vielen Menschen, und gerade gegenüber denen, denen ich kaum etwas schuldig bin, viel mehr als ich mich wegen meiner Weirdness in dieser Hinsicht vor Jessica schäme. Die Zukunft rast auf mich zu, ich sollte ein paar Nachrichten schreiben, bevor das noch wer liest außer euch dreien. Und mich freuen über meinen produktiven Verrat an meinem Helm. Und vielleicht alles nicht so dramatisch nehmen.

Aber ich singe jetzt auch im Tenor, gerade dorthin gewechselt vom Bass. Und das passt zu mir, sagt unsere Chorleiterin, so vom Typ her. Ich versuche mir vorzustellen, in welcher Stimme ich das hier schreibe. Und in welcher es zu schreiben wäre, wäre es einfach.

Das bin also ich, wie ich Erwachsensein nachspiele, immerhin authentisch hilflos. Fabian, du kommst auch immer so erwachsen daher. Aber dann mimst du manchmal den »Oppa«, mit rastloser Rentnerlippe, so zum Spaß und dann packt dich wieder der Gigglie-Flash, mit verkniffenen Augen, wie bei einem Teenie, der das erste Mal den Kicker flutscht. Bei dem Gesicht weiß ich dann immer nicht: **Fabian, bist du eigentlich gern schon groß?**

FABIAN · Ja, Steffen, ich bin ganz gern schon groß! Ich mag aber nicht, dass man öfter erkältet ist als früher. Weil man sich vielleicht den Arsch in einem Büro breit sitzt und da Leute hinkommen, die meinen, sie müssten das tun, obwohl sie gerade einen dicken grippalen Infekt haben oder eine Erkältung oder Magen-Darm. Ich mag nicht, dass der Kater, wenn man ihn mal hat, eine halbe Woche braucht, um sich zu verkrümeln. Und so weiter und so fort.

Ich überlege gerade, ob ich mal zum geilen Fitness-Boxen-Kurs gehen soll, um ein bisschen Energie, Frust, Stress abzulassen oder mal schneller Dinge entscheiden zu können und so. Vielleicht ist das auch Wahnvorstellung, weil, momentan, unter einer Art Glocke zwecks Infekt. **Jenny,** unser letztes Treffen ist schon eine Weile her … **Wie geht's dir so?**

JENNIFER · Glocke. Und Fieber, Fabian. Nur ganz anders eben. Ich habe einen dreiviertel Liter kalten Pfefferminztee geext und zur Toilette geschafft, die man jetzt auch per WhatsApp reinigen lassen kann, call +49 151 57144527 rund um die Uhr. Einmal am Tag würde auch schon reichen. Alles entsorgt jedenfalls, zusammen mit allen anderen nicht akzeptierten Flüssigkeiten, auch den akzeptierten, vorsichtshalber. Auch keine Scheren, Feilen, Tangas oder Kondome (nur eins) in der Tasche und trotzdem fühle ich mich schuldig. Der L3-Pro-Vision-2 macht seinen Job also gut. Aktuell werden meine Arme von einer unsichtbaren Schnur über dem Kopf zusammengehalten. Für meine Beine gilt das Gegenteil. Wie es mir geht, fragst du? Der Drei-Sekunden-Ganzkörper-Scan sagt: Daumen hoch. Ist das Kim Gordon, die da drüben ihre Schuhe ausziehen muss?

Menschen sind andere, wenn sie an Flughäfen sind. Sie kleiden sich anders, sie fühlen sich anders. Mit den Slippers kommt der Leichtsinn. Sie wedeln sich Luft mit Fächern zu und picken geschnittene Südfrüchte aus Plastikbechern. Im November. Sie tragen Kissenhörnchen im Nacken spazieren und finden das null lächerlich, sie haben die Zweistundenregel aus Prä-Online-Check-In-Tagen dermaßen verinnerlicht, dass ihnen heute schon vor dem Abheben alle Zeit der Welt bleibt, um zu tun, was sie sonst nie tun: Sie hören Musik, sie halten Händchen, sie verlieben sich in ihre Ehefrau. In Sicherheitskontrollschlangen werde ich deswegen immer ganz ruhig und ergriffen. Eigentlich passiert mir das auch sonst überall, wo die Gesetze von Zeit und Verstand außer Kraft geraten, ohne dass ich etwas dagegen tun könnte. An der REWE-Kasse zum Beispiel, freitagabends.

Ich habe schon oft alleine am Flughafen gesessen, aber noch nie mit Aussicht auf neun volle Tage alleine irgendwo sitzen. Nun steht sie also an: die Weltreise Graz-Ljubljana-Bled-Zell am See. Ich habe mir das ausgesucht, ich wollte es so. Jetzt will ich es anders. Aber deswegen das Reinigungspersonal zu whatsappen, wäre wirklich –. Ich brauche Kontakt, der keiner ist, aber sich danach anfühlt, deswegen lese ich Chats auf meinem Telefon, in denen ich auf die Frage, wie es mir gehe, geantwortet oder über eine Antwort nachgedacht habe.

»Jenny! Wie gehts dir?«

»Guten Morgen. Wie geht's dir?«
»Guten Morgen. Ich muss seit anderthalb Stunden auf's Klo. Bei dir?«
»Muss auch seit ca. zwei Stunden.«

»Geht's dir eigentlich besser?«
»Zumindest kann ich geradeaus gehen.«

»Wie ist die Lage, Baby?«

»Und du so?«
»?«

»Jenny! Wie geht's dir so? Busy Bee? Bin saumüde, leicht überdreht und nicht betrunken. Nur, dass das klar ist.«

»Wie isses bei dir? Wühlst du dich durch? Ah sorry, falscher Chat.«

»Und dir Jenny. Wie geht's dir, außer komisch?«

»Du so?«
»?«

»Komisch?«
»Komisch.«

»Laune aktuell?«

»Wie ist es gerade, wie geht's dir? Und antworte ruhig per Sprachnachricht.«

»Was geht bei dir?«
»Zu viel.«

»Was geht bei dir?«
»Nichts.«

»Was geht bei dir?«

»Eyyy?«

»Alles gut?«
»Haha.«

»HoW aRe U?«

»Huhu, wie geht's dir? Weißt du eigentlich, dass du 44 Profilbilder bei Telegram hast?«

»Wie geht es dir?«
»Danke.«

»Wie geht es dir?«
»Gut.«

»Wie geht es dir?«
»Ich glaube, keine andere Frage wird so oft mit einer Lüge beantwortet.«

Liebe, **Körper,** Wut & Nazis

Mads, hast du je versucht, dich zu zerstören?

MADS • Ach, na ja Steffen, klar, der typische autoaggressive Coming-of-Age-Kram, aber dann auch nur so vanilla. Nägelkauen halt. Das ist lange her, aber ich weiß noch, wie sich das anfühlt, wenn man beim Abstreichen der Nägel so eine Ecke findet, eine raue Stelle und wie dringend die dann weg muss. So dringend, dass man reinbeißt. Und dann dieser Moment, wo man weiß, wenn ich jetzt ziehe, dann schält sich ein Streifen Nagel ab und wenn ich Glück habe, ist er ganz schmal, dann ist danach alles glatt, makellos. Aber meistens ging es schief und es blutete und das Nagelbett war wieder um einen halben Millimeter weiter eingerissen.

Man hat es mir immer wieder gesagt, aber ich konnte mir das wirklich nicht vorstellen, dass das Nagelbett nicht nachwächst, wenn man es einmal zurückkaut. Ich war jung und da ist doch egal, was man tut, nichts hat Konsequenzen auf Dauer. Ich glaubte: mit 18 wird alles auf Null gesetzt und man beginnt von vorn. Und deshalb habe ich damit dann auch aufgehört, als ich zu Hause auszog.

Seitdem feile ich mir die Fingernägel. Schneiden geht immer noch nicht, das ist zu nah dran am Abziehen, aber Feilen geht gut. Denn die Ecken und Kanten müssen natürlich trotzdem weg. Nur jetzt halt domestiziert, zur Körperpflege aufgewertet. Ist Körperpflege nicht generell irgendwie neurotisch?

Und dann war da noch die subkapitale Fraktur meines 5. Mittelhandknochens, rechts. Umgangssprachlich »Boxerbruch« genannt. Diese Information versöhnte mich kurz mit meiner Lage, während ich nach der Röntgenaufnahme auf der Pritsche saß und der Chirurg über die Aufnahme gebeugt über die naturgegebene Dummheit junger Männer dozierte. Natürlich hatte ich nicht geboxt. Wen auch?

Ich hatte gegen eine Wand gehauen, eine solide, aus grobem Moränengeröll aufgetürmte Friedhofswand. Die war gerade da, als sie und ich uns stritten und ich kurz verzweifelte und dann allen Ernstes gegen eine Wand schlagen wollte. Ich weiß nicht mehr so richtig, ob es ein Reflex war oder mir die Dramatik der Geste einfach nur angemessen schien. Auf jeden Fall muss ich es ernst gemeint haben. Gebrochen halt.

Aber dir ging es ja um den »Versuch«, Steffen, die vorsätzliche Selbstzerstörung, mit voller Absicht also. Da fehlt mir der Mumm, und irgendwie auch das Motiv, muss ich gestehen. Ich will ja gar nicht kaputt sein. Viel spannender finde ich die potenzielle Selbstzerstörung, das Risiko, also das Spiel mit der Gefahr. Selbstzerstörung als Koketterie, als Bewältigungsstrategie der eigenen Endlichkeit.

Ich rauche zum Beispiel gern. Wegen der Geste, aber auch wegen der Zerstörung. Ich möchte nicht sterben. Aber ich möchte mich vor dem Tod auch nicht wegducken. Das sieht irgendwie blöd aus. Wenn man ihm schon nicht entkommen kann, den eigenen Verfallsprozess nicht aufhalten, möchte ich auch nicht fliehen müssen, sondern ihm mit festem Schritt entgegenschreiten.

Wahrscheinlich bin ich deshalb auch zur Bundeswehr gegangen, wollte Krieg spielen. Infanterie, Gebirgsjäger, die erste Reihe, ganz vorne – ach, hinterm Feind noch – den Tod überrennen. Albern natürlich, aber es gab schon diese Momente: Ich erinnere mich an die tanzende Leuchtspur der Gewehrsalven in der Nacht. Und ich erinnere mich an den Schauer, der mich überkam, als ich sah, in welcher Willkür die Querschläger hinterm Ziel in alle Richtungen spritzten. In meine? Und dann ist da dieses Bild der Mörsereinschläge, die wie riesige schwarze Tuschekleckse am gegenüberliegenden Hang in den Schnee tropften, schon Sekunden, bevor ihr Krachen mich erreichte. Bin ich nicht genau dort vor wenigen Stunden noch durch die unberührte Schneedecke gestapft? Dort wo sie jetzt den Boden aufwühlen. Man erzählte sich mit wohligem Grusel die Geschichte einer Wildschweinrotte, die dort vor einigen Jahren aufgeschreckt ins Zielfeld gerannt sein soll. Da waren die Granaten schon in der Luft. Man fand keine Überreste. Pulverisiert. Auch ein Spiel hat reale Konsequenzen.

Für mich war es nur eine Übung. Aber die Provokation des Todes ist immer nur eine Übung. Der befreiende Moment ist nicht die reale Selbstzerstörung, sondern die hypothetische: Ich bin wieder entkommen. Mit zügigem Schritt, trotz Rückenlage, mit kleinen Tripplern höchstens, wenn hinter mir der Balken fällt. Wie bei Buster Keaton. Überhaupt ein gutes Vorbild im Leben, glaube ich.

Ich weiß: Am Ende ist alles egal, die Welt ist mir gegenüber völlig indifferent, allem gegenüber eigentlich. Aber das fühlt sich natürlich nicht so an. Außer sie drängt einem ihre

Gleichgültigkeit auf, wenn sie einem klarmacht: ändert überhaupt nichts, ob du da bist oder nicht.

Ich glaube, da ist die Armee immer falsch verstanden worden. Die Verführung des Krieges liegt nicht in der pathetischen Selbstüberhöhung: dem Heldentod, dem Zusammenhalt, Glanz und Ehre. Vielmehr geht es um die totale Sinnlosigkeit und Einsamkeit angesichts des eigenen Todes. Die Erfahrung der eigenen Nichtigkeit ist die letzte endgültige Wahrheit, die Antwort auf alle Fragen und nicht zuletzt die absolute Befreiung von all den Belanglosigkeiten, die uns täglich bestimmen.

Daran scheitert auch jede Anti-Kriegsliteratur. Die ausgestellte Sinnlosigkeit schreckt nicht ab, sie zieht an. Das Leben gewinnt angesichts des eigenen Endes erst jenes Drama, das einem seit der Erfindung des Erzählbogens immer versprochen wurde. Spannung ist das, was passiert, wenn eine Handlung einen Anfang, vor allem aber ein Ende bekommt.

Da braucht man nur mal die Klassiker aufschlagen, aus den Zwanzigern. Von Jünger bis Remarque, der Ästhetisierung der unausweichlichen Vernichtung können sie alle nicht entkommen. Kein Wunder, dass es dann wenig später, im Verlauf des Zweiten Weltkriegs auf deutscher Seite immer weniger um konkrete Kriegsziele, sondern für viele nur noch um einen besonders dramatischen Abgang ging. Vielleicht, ich ahne sowas, war das ganze Projekt aber auch von Beginn an nur zur Selbstzerstörung angelegt. Und dass das natürlich völlig bescheuert ist. Das ist ja auch wieder keine Abschreckung. Sieht man ja, in der Welt. Sieht man in jedem scheiß Kriegsfilm. Und sieht man auch an dem dusseligen Zeugs, was ich hier schreibe.

Was ich nur sagen wollte: Nein, ich habe nie versucht, mich zu zerstören. Ich möchte ganz dringend leben, und damit sich das auch so anfühlt, habe ich mich gelegentlich ein paar Schritte an den Tod heran gewagt. Das hat auch gut geklappt. Solange der Rückweg stets frei blieb, ich selbst entscheiden konnte, wie nah mir die Erfahrung des Endes kommt.

Bei der Minenräumausbildung war es aber dann für mich vorbei. Da steckte ich auf einmal fest, allein auf dem zerpflügten Acker, umklammerte zitternd den dünnen Metallstab, den man mir gab, um unter der Erde nach Sprengfallen zu tasten, nicht größer als eine Zigarettenschachtel. Aussichtslos. Ein Minenfeld kennt kein Zurück mehr. Da reichte auch das Spiel für die Erkenntnis: Vor dem Nichts kommt nicht die Freiheit, da kommt der Horror.

Aber das ist sicher nur eine eher abgelegene Antwort auf deine Frage, Steffen. Ich möchte sie deshalb gern weitergeben, an jemanden, für den dieses Thema wahrscheinlich kein dummes Spiel ist: **Jenny. Hast du je versucht, dich zu zerstören?**

JENNIFER • Ich mag Milchreis, ich liebe ihn sogar. Wie viel man davon essen muss, bis man sagen kann, du tust mir weh, Milchreis, teste ich gerade. Seit 19 Jahren. Ich habe auch einen Traum seitdem, der immer wieder kommt, und wie oft muss man einen Traum eigentlich träumen, bis er keiner mehr ist? Jedenfalls möchte ich meinen Bauch abschneiden, ich schneide meinen Bauch ab. Ich trenne mich von ihm. Mit dem Zackenmesser, das ich zum Brötchenhalbieren verwendet habe, bis ich keine Brötchen mehr essen konnte. Zöliakie. Nicht das, was man sagt, wenn man keine Nudeln essen will, sondern das, was passiert, wenn man trotzdem Nudeln isst: Krieg. Ich schlitze also. Ich bohre. Irgendwann furche ich nur noch, glatte Grenze, Blut spritzt erst, dann läuft es. Erlösung. Krasse Schmerzen, zero Schmerz.

Ob ich je versucht habe, mich selbst zu zerstören? Klar, Mads, echt jetzt? Eine Minute reicht, um mich sechzig Mal kaputt zu kriegen, eine Stunde, das sind 3600, all killer no filler, ein Tag, ihr wisst schon, ihr seid ja nicht blöd. And. So. On. Ich versuche es nicht, Mads, ich tue es schlicht. Ich kann nichts anderes, konnte es nie. Wahrscheinlich bin ich dafür da. Zumindest bin ich gut darin. Weil ich schnell bin und Schmerz muss schnell kommen, wenn man ihn braucht. Aufreißen, fertig, geht auch mehr rein so. Loch stopfen. Großes Loch. Leere füllen. Tut weh. Tut gut.

Ich habe niemals essen gelernt, also konnte ich es auch niemals verlernen. Ich weiß nicht, wann ich den Bezug zu meinem Körper verloren habe oder ob er den Bezug zu mir verloren hat. Ich habe ihn kommen und gehen sehen. Gerade kommt er wieder und das ist scheiße. Ihr wisst, wovon ich rede, ach nee, ihr seid ja Jungs. Oder, Steffen? Unterschiedlich sind nur die Zahlen, aber x Kilo sind scheiße, wenn es mal y weniger waren. Körper. Wut. Nazis. Alles ist scheiße, wenn es mal weniger war. Außer Liebe. Obwohl.

Ich wollte mich nie umbringen, aber versucht hab ich es vermutlich schon. Ich war ja nicht selbst dabei, sonst hätte ich mich daran gehindert. Wie war das also, Papa? Ich streiche die Frage, weil: dumm. Es gibt dumme Fragen, manche nennen sie nur rhetorisch, damit sie sich trotzdem klug anfühlen. Ich *bin* klug. Versteht das nicht falsch, aber ich wurde darum gebeten, ein Buch zu schreiben, ohne dass ich darum gebeten hätte. Außerdem habe ich Anorexie, »die Sucht für

Smarte«. Ich habe meinen IQ nie ermittelt, aber er ist hoch. Meinen BMI schon. Er ist niedrig. In meinen erfolgreichsten Zeiten hat der eine den anderen mit runtergezogen. Also: Suizid. Ich finde die Möglichkeit gut. Mir gefällt alles daran, deswegen wird sie Möglichkeit bleiben. Versprochen, Papa. Aber ich frage mich schon: Wie viel Milchreis ist ein Selbstmord?

Es ist ja nicht so, dass ich es nicht probiert hätte mit anderen Drogen. Danke für die Kippen, Fabian, waren voll lecker, aber nicht dasselbe. Ich ~~hasse~~ mag eben Essen, da geht nix drüber. Tweet von Köfte Mama, 14. November 2018: »Es gibt Liebe, aber sie ist eigentlich nicht so krass«. Hast du mal Milchreis gegessen, frage ich (fast), und koche mir selbst die Antwort. Es müssen anderthalb Liter gewesen sein. Was noch? Soll ja um Konkretion gehen hier. Also Liste (ab 16:20 Uhr):

- Rittersport, zwei Tafeln aus der Tasche in den Mund
- Kekse, Schokofüllung, für den Weg
- Pide, Käse, Spinat, im Sitzen
- Türkischer Grießpudding, im Gehen zum Schlesischen Tor
- Kekse, diverse, U1 zur Möckernbrücke
- Umsteigen U7, irgendwas aus dem Automaten, irgendwas vom Backshop
- Fußweg zum Büro, Haribo Vampire, halbe Tüte (die ganze wäre auch gegangen)
- Cashews, pikant gewürzt, halbe Dose, Verlagstreffen
- Krämpfe, geht schon wieder
- Milchreis, Mango, der große Topf (sehr groß)
- Brechreiz, Wasser, halber Liter

- Text (dieser) im Liegen auf der linken Seite, dazu: was noch da ist, wahrscheinlich Rosinen, Mandeln, Dörrpflaumen, Camembert mit Tomatenmark, Haferflocken mit Zimt gehen immer, Gefühl von Weihnachten
- Kurzes Wegnicken (2:38 Uhr)
- Bock auf Eis: Ben&Jerrys, vegan

Ich mach den Späti platt und gehe danach aufs Klo, als wär nichts gewesen. Das funktioniert. Es tut aber weh. Mehr als das Messer wahrscheinlich und all seine Zacken. Ja, Mads, du wolltest es so genau wissen: Ich bin klug und krank und zerstöre mich deswegen lieber selbst, bevor es jemand anderes tut. Denn ich sag's dir, wie's ist, Köfte Mama: Liebe ist krass. Man träumt 19 Jahre davon und wenn sie kommt, ist der Bauch so voll mit süßem Brei, dass kein Platz mehr bleibt für sweete Feelings.

MADS • Ja, ich wollte das wissen. Ich bin beruhigt, dass ich das jetzt weiß, auch wenn es sehr beunruhigend ist, was ich jetzt weiß. Und ich mache mir Sorgen, und man will ja was sagen, aber dann weiß man auch: Du bist klug, das sagst du ja auch und deshalb wäre alles, was man sagen könnte, von dir selbst schon gedacht, tausendmal, nicht mehr als ein halbes Lächeln wert: Thanks for the effort, we appreciate the gesture. Ich kenne das Gefühl, oder ich projiziere es. Potayto/Potahto. Deshalb sage ich jetzt nichts, ich frage weiter und du musst Stopp sagen: **Jenny, warum ist dir das wichtig, dass du klug bist?**

JENNIFER • 1. Warum denn nicht, Mads? 2. Du willst es ja hören. Weil ich diese roten Locken habe, Mads, und diese braunen Augen. Diesen orangefarbenen Mund (okaye Oberlippe, pralle Unterlippe, zum Schmollen geboren) und diesen Arsch (*Bravo Girl:* Apfel). Kurz: Weil ich auch hübsch bin, Mads, aber das ist, was immer zuerst kommt. Und die Zeit dann nicht reicht für mehr. Das ist, was alle sehen und benennen. Weil man Klugheit nicht an den Locken erkennt, an der Farbe der Lippen, der Form des Arsches. Weil man sie nicht sehen kann, wird sie nicht benannt. Und was nicht benannt wird, ist nicht da.

Das macht mich wütend, Mads. Ich benenne viele Sachen in diesem Buch, die mir wichtig sind. Sichtbare, unsichtbare. Und das ist schlicht eine davon. Warum also hier das Nachhaken und nicht, als ich genauso ungefragt über meinen Lieblingsfilm schreibe. Warum ist es dir wichtig zu sagen, dass *Dogtooth* dein Lieblingsfilm ist, Jenny? Und wenn ich du wäre, wäre es dir auch aufgefallen? Hättest du auch nachgefragt? Oder hättest du einfach gelesen: Mads ist der geilste. Er hat diese anrasierten Locken und smart ist er sowieso und mutig und selbstbewusst, weil er es auch noch sagt. Einfach so. Das möchte ich mich auch mal trauen. Eben ein ganzer Kerl, der Mads.

MADS • Stopp.

JENNIFER • … und was ist deine »Problemzone«, Fabian?

FABIAN • Die Problemzone, liebe Jenny, ist mein Bauch. Ganz klar. Wenn ich so von oben drauf schaue, sieht der umfangreicher aus, als er eigentlich ist. Und wenn ich mein T-Shirt hochziehe, vor dem Spiegel von der Seite schaue, habe ich dieses Von-oben-draufschau-Bild im Kopf und denke auch: nicht ganz glatt. Muskulös ist da sowieso gar nichts. Da haben sich in meinem Leben andere Partien ausgeprägt. Die Oberschenkel zum Beispiel. Kein Wunder, nach ungefähr 18 Jahren Fußball von den Jugendmannschaften bis zu den Aktiven. Dann war's mir zu doof. Jedenfalls, in meinem alten Kinderzimmer hängen zwei Bilder in einem Rahmen. Auf einem davon sieht man: Christian, Christopher, Moritz, Jochen, Michael, ich, Martin, Kai, Benjamin, Axel, Moritz, Fabian, Philipp, Maximilian und Jakob. E-Jugend, 1. FC 23 Hambach, damals in Spielgemeinschaft mit der TuS Diedesfeld.

Die vordere Reihe in der Hocke, die hintere steht, alle bis auf Moritz 1 (für einen Auswechselspieler gab es kein Trikot mehr, deswegen trägt er ein FCK-Shirt) und Axel (Torwart) im grün-weiß gestreiften Trikot, rote Hosen, rote Stutzen. Das war super, fühlte sich irgendwie nach Nigerias Nationalmannschaft an, weil obenrum grün-weiß. Ich steche da raus, weil ich der Größte in der Reihe bin, und der Kräftigste. Weil sich das Trikot zu klein anfühlte, zog ich regelmäßig ein viel zu langes Shirt darunter. Dadurch spannte mein Oberteil natürlich noch viel mehr. Auf dem Foto hängen mir also links und rechts zwei zottelige grau-rot geringelte Ärmel raus. Die Hose war auch zu klein, also trug ich immer sehr lange Radlerhosen. War ich zu groß für mein Alter? Zu kräftig?

Babyspeck. Meinte meine Mutter immer. Das wüchse sich raus. Ich hatte aber das Gefühl, dass da gar nichts rauswuchs. Ich fühlte mich im Trikot immer wie eine Presswurst. Manchmal fühle ich mich heute auch noch wie eine Presswurst. Wenn sich ein Hemd oder ein Pullover etwas enger anschmiegen. Beim Fußball in der Grundschule mussten wir mal in Unterhemden spielen. Wir hatten keine Leibchen oder Bänder zum Umhängen, konnten uns also nur so, durch das Ablegen kritischer Kleidungsstücke, für mich zumindest, von der anderen Mannschaft unterscheiden. Zuerst hoffte ich, es würde die anderen treffen. Jedenfalls stand ich da im Unterhemd und ich weiß noch, wie Nathalie mich anschaute, schulterzuckend. Ob sie traurig aussah oder so, als wüsste sie, wie ich mich fühlte, das kann ich nicht genau sagen.

Jedenfalls ist das zweite Fußballbild im Rahmen etwas schmeichelhafter. Man sieht mich von hinten, mit der Nummer drei. Linke Abwehr. Ein Bein steht im rechten Winkel vom Körper ab, die vollen Haare zeichnen die Bewegung nach, den Stoß, den ich dem Ball gegeben haben muss. Er flog recht hoch. Mein Großvater hat diese Bilder geschossen. Es war das einzige Spiel, das er von mir gesehen hat. Der Eindruck muss bleibend gewesen sein, so verfasste er diese Zeilen, die als Begleittext bei den Bildern stehen: »29. April 1995, Jahrtausendschuss des Fabian E., gen. Beckenbauer von der Hambacher Abwehr. Die Zuschauer vergaßen zu atmen, denn höher und höher flog der Ball, verschwand im blauen Himmel und umkreist seither die Erde.« Wow.

1995 war das Jahr, bevor ich aufs Gymnasium kam. Ich erinnere mich tatsächlich nur schemenhaft, wegen meines Babyspecks gehänselt worden zu sein, in der Grundschule. Aber irgendwas war da. Klar war, dass die anderen Jungs alle irgendwie drahtiger waren und keinen kleinen Ring um die Lenden hatten. Es war irgendwie nicht normal, so auszusehen, das habe ich sehr wohl gespürt. Natürlich war ich nie stark übergewichtig, nur immer etwas über meinem Normalgewicht. Gerade so, dass es ein Hauch zu viel war, es hat gereicht, dass ich mich schämte.

Auch wenn ich heute immer ungefähr auf Idealgewichtsniveau lebe, habe ich das Gefühl, einen etwas zu schwabbeligen Bauch zu haben. Auf meine Ernährung achte ich schon. Ich liebe es aber, einen guten Burger zu essen, einen völlig verölten, geilen Sechuantopf, ich esse gerne Spaghetti Bolognese, vergöttere Vanilleeis und mag Bier. Oft denke ich beim Essen oder danach, dass sich jeder einzelne Bissen gleich irgendwo in der Bauchgegend ansiedeln wird.

Speaking of Fußball und drahtige Jungs. **Steffen, du warst doch Leichtathlet. Hat man sich da richtig geil gefühlt im eigenen Körper? So hengstig, anderen überlegen? Gab es da einen Körperkult?** Das sind gleich mehrere Fragen auf einmal, die gehen aber alle in die gleiche Richtung. **Steffen, ich will wissen, *wie* toll du dich gefühlt hast und wie das heute ist.**

STEFFEN • Ich wollte deine Frage auf dem Weg nach Marburg beantworten, im Bus zum Seminar. Das war naiv. Beim Einsteigen am Berliner ZOB hat mich der Busfahrer gleich nach vorne beordert, er kennt die Ausfahrt in Marburg nicht, ich komme nach vorne, habe ich gesagt, wenn wir da sind, das war ihm nicht genug, jetzt habe ich vorne viel Platz, aber er redet in einem Zug, von der Biotechnik-Doktorarbeit seiner Tochter mit chinesischen Pilzen, davon, welche der dunklen Gasthöfe an der Landstraße zwischen Kassel und Fritzlar Bordelle sind und wie man die erkennt.

Ich versuche, mich darauf zu konzentrieren, wie ich meiner Handvoll KuWi-, Polit- und Geschichtsstudierenden gleich vermitteln kann, was politische Religionen sind, wie ich ihnen von der großen, irre zukünftigen Seligen Therese von Konnersreuth erzählen werde, die von 1926 bis 1962 in jeder damn Freitagnacht aufs Neue die Passion Christi nacherlebte, in Visionen und mit blutig triefenden Augen – davon schreibe ich dann und von Anlaufmarkierungen, und komme nicht voran.

Ich müsste woanders anfangen, eigentlich. Damit, dass ich ein schlimmer Außenseiter mit Prophetenkomplex war, der Duschen für bürgerlichen Scheiß hielt, vorher. Das macht Sinn, so gehen doch Pubertätsgeschichten. Ich schaute in den Spiegel und sah Jesus und zwei Jahre später hüpfte ich in eine Sandgrube auf einem Sportplatz in Püttlingen, während Annegret Kramp-Karrenbauer als saarländische Innenministerin und Schwester der Trainerin vom LSG Köllertal das Wenden von Würstchen auf dem Rost beaufsichtigte.

Ich war Dreispringer, nicht die naheliegende Wahl, um mit Sport anzufangen. Es ist nicht so, dass ich mir nicht immer schon dachte, dass ich mit meinen wundersam dicken Waden etwas anderes anfangen könnte, als jeden Türrahmen, den ich passierte, vorher einmal die Wand abzuklatschen.

Sport, das war was für Menschen, auf die ich immer etwas herabgeschaut hatte, als der einsame Wannabe-Boy-delettre mit ewig vor Wichse starren Unterhosen, der ich mit 15 noch war. Aber ich musste einfach irgendwann irgendetwas anfangen, als ich lernte, über meinen Schatten zu springen, und mir Einsamkeit nicht mehr so schicksalhaft erschien und Sport hat mir eben immer gelegen, mir immer Spaß gemacht. Solange ich kein Team brauchte zumindest. Ich war 16, als ich anfing. Vom ersten Training an muss meinem Trainer, Martin, klar gewesen sein, in welche Richtung das mit mir zu gehen hat: nach oben und nach vorne.

Ein Dreisprung hat einen komplexen Ablauf. Man läuft auf die gleiche Grube zu wie beim Weitsprung, springt aber schon weit vor der Grube ab: neun Meter, elf Meter, 13 Meter, das Brett mit dem Wachs, das das Übertreten anzeigt, liegt drei Sprünge von der Grube entfernt. Der Anlauf ist schnell. Der Absprung, der Hop, schießt den Körper, das Knie des antagonistischen Beins voran, nach vorne und oben, nicht zu hoch, aber, sonst ist es schwer, die Geschwindigkeit zu halten im zweiten Sprung, ausgeführt mit dem gleichen Bein wie der erste. Mehrere Hundert Kilo lasten bei der Landung auf dem Fuß, bevor er flugs wieder abhebt. Der Step, das ist ein großer, weit gesprungener Schritt, ein Sprunglaufschritt über mehrere Meter hinweg. Dann der Jump, der letzte Sprung in die Grube, nun mit dem anderen Bein ausgeführt, in der Technik, die man vom Weitsprung kennt, mit noch immer möglichst wenig Geschwindigkeitsverlust, mit kurzem Kontakt feuert er mit Wucht nach oben und lässt den Körper, der konstant auf die perfekte Landung kalibriert, durch die Luft fliegen. Landung, nach vorne raus, Blick zurück: weiße Fahne, Warten, well.

Das Ding ist: Ich war ja gar nicht so gut, eigentlich. In den ersten Monaten trug mich einfach eine brutale Kraft, die mich selbst überraschte. Ich war okay schnell, aber meine Sprünge waren außerirdisch, und zwar im wahrsten Sinne des Wortes, im Springen hatte ich immer das Gefühl, als würde eine unsichtbare Hand meine Hüfte für Sekundenbruchteile lang oben halten, wo die Schwerkraft sie eigentlich schon nach unten zerrte, eine mystische Erfahrung von In-Einklang-Sein. Am Ende des Jahres stand ich auf Platz eins der saarländischen Bestenliste, es gab auf einmal einen extra Dreisprungtrainer, ehemals die Nummer vier der Sowjetunion, ein Bär, Bestleistung fast 17 Meter. Vielleicht ja irgendwann international, sagte mir der Jugendlandestrainer, na, zumindest in Deutschland vorne, da wäre doch Potenzial da. Und war es ja auch.

Aber wenn ich jetzt durch alte Bestenlisten blättere: Ich war nie in einer anderen Liga, ich hatte keine Siegesgarantie. Wir waren ein schwacher Jahrgang, der Slawik zum Beispiel, zwei Jahre jünger als ich, war mir, männliche Jugend B, in der Klasse Schüler M15 fast einen Meter voraus. Vor allem war ich aber ja auch gleich wieder weg. Nach einem ersten, unwirklichen Jahr identitärer Neuerfindung, das mit einer Bestleistung bei meinem ersten Auftritt in der Landesauswahl endete, stieg ich im Januar 2003 mit einer Verbesserung um einen guten halben Meter in meine zweite Saison, meine erste Hallensaison ein.

Zu dieser Geschichte gehört auch, dass ich so weit springen musste, weil ich, noch ganz im leistungssportlichen Männerding gefangen, mich dafür rächen musste, dass Sascha bei einem Lehrgang drei Wochen vorher mit Steffi rumgeknutscht hatte, während ich im Bett nebendran wach gelegen hatte, obwohl ich doch Monate vorher noch gehofft hatte, dass aus Steffi und mir einmal etwas wird, wir telefonierten stundenlang, im Frühjahr, sie wohnte ja im Hunsrück oder so, weit weg, hart Dorf.

Im Sommer war ich in Hannah verliebt, ein blondes rich kid, leichtathletisch völlig unbegabt, aber mit dem Charme sechzehnjähriger Schönheit, ich feierte jede SMS, die wir uns schrieben, und gestand ihr meine Liebe an einem Abend beim Abbauen von Sprungmatten in einer Turnhalle auf dem Rastpfuhl. Es war grotesk, also mein Liebesgeständnis, außer unserer Trainingskameradschaft gab es keinerlei Berührungspunkte zwischen uns, von Berührungen einmal ganz abgesehen. Natürlich erzählte sie es Steffi. Am Tag nach ihrer

Rumknutscherei beim Lehrgang weinte sie bittere Tränen, who knows, ich sprach dann ja nicht mehr mit ihr, aber Sascha gewinnen lassen, das konnte ich auch nicht, also sprang ich am 03.01.2003 13 Komma 09 Meter weit, ein Triumph des Willens, gefolgt von unbändiger Euphorie, mit gereckter Faust sprang und sprintete ich die 60-m-Bahn von der Sandgrube zurück zum Anlaufstart, zog meinen von Papa geerbten schwarzen Wichtigtuer-Mantel über den Trainingsanzug und war happy und verletzt, und zwar nicht am Herz, sondern am Fuß, von da an ging's dann auch schon bergab.

Zwei Wochen und einen gewonnenen Wettkampf später konnte ich nicht mehr gehen. Dreisprung war danach erstmal over. Im Mai eine Operation, viel zu lange hat es gedauert, überhaupt herauszufinden, was mir so weh tat, nämlich Lymphe im Kahnbein, zu hohe Belastung auf dem Fuß, irgendwie minimal falsch aufgekommen. Zwischendurch hatte ich so einen Scheiß an der Backe wie knochenstabilisierendes Nasenspray, mit einem Zähler dran, dass man sich auch wirklich nicht bei den zwölf Stößen, die im Fläschchen waren, verzählt oder überdosiert und dann Knochen aus Beton kriegt.

Ich musste viel ausbalancieren, ich hatte eine In-between-Position: nichts zu verstehen, null Erfahrung zu haben, wenn es darum geht, einen Körper anders denn als friedliche Waffe einzusetzen, gleichzeitig aber auch zu genießen, dass ich Anschluss ans Mannsein finde. Was mich wiederum aber auch nervte, weil meine Männlichkeit andere Entwürfe durchaus schon kannte, andere als nur die der körperlichen und der Dominanz. Ich probierte aus. Frauen zu sagen, dass ich sie liebe, gehörte dazu, aber auch, zu sagen, dass man sich gerne jetzt prügeln würde. Zum Beispiel den Felsi gern mal schlagen würde, warum, ja nix warum, einfach so, was der Felsi glücklicherweise nie gehört hat, weil der Felsi im Gegensatz zu mir vermutlich wusste, wie man prügelt, außerdem waren wir dann ja eh bald best Leichtathletik-Landeskader-friends, teilten uns die Zimmer auf der Landessportschule, tief im Wald vor Dudweiler. Nachts bestellten wir uns heimlich Pizza bei Joey's und schlichen in fremde Zimmer.

Mit meiner Fuß-kaputt-Verletzung wurde es ein völlig anderes Game. Hatte ich in meinem ersten Jahr trainiert wie ein Maniker, sieben Mal die Woche, bei Regen, bei Fieber, völliger Quatsch, völlig entfesselt, auch, in diesem dummen state of Selbstüberwindung, Überwindung of Schwerkraft und Muskeldefizite, habe ich schließlich langsam realisiert, dass ich keine große Karriere vor mir haben würde, ich verstand, dass große Leichtathletik-Karrieren nur über die Polizei oder die Bundeswehr finanzierbar wären, und dann wäre man eben vom Dienst freigestellter Oberkommissar oder in der Sportkompanie, und das wäre never nicht in Frage gekommen, obwohl mein Geist ganz und gar soldatisch war, damals, im Grunde. Obschon ich nach deinen Ausführungen zu dem Thema, Mads, mittlerweile daran Zweifel habe.

Ich wurde dann noch dreimal Saarlandmeister, mit der 4×400 m-Staffel des SV schlau.com Saar 05 Saarbrücken waren wir auf Platz 18 in Deutschland, ich hielt mich mit meinen 400 m-Hürden-Zeiten in den deutschen Top 50 und in der gleichen Disziplin lange einen Kreisrekord, wurde einmal, schon an der Uni, Vierter der Deutschen Hochschulmeisterschaften über 400 m und gewann ein paar Titel mit der Saarland-Auswahl. Ich würde nach dem Abi ein FSJ als Leichtathletiktrainer machen und die von mir immer mal wieder co-trainierten Athlet*innen habe ich immerhin weitgehend nicht kaputtgemacht, die grandiose Jenna Pletsch wurde 2010 sogar Junioren-Vizeweltmeisterin im Hürdensprint. Hard facts.

Das ganze endete dann im Studium, recht früh. Ich entdeckte, auf einer The-Doors-CD, The Velvet Underground und wollte Nico sein. Und Lou sowieso, Eleganz, Gehässigkeit, Abfuck. Ich sang von Heroin und aß zum Frühstück Proteine aus rotem, fettfreien Fleisch. Es passte nicht mehr, ich konnte nicht vormittags Queer Theory lesen und nachmittags XXL-Läufe im Stadion machen. Der Körper, der sich mir da antrainiert hatte, und ich, die passten kaum noch zusammen: Judith Butler, du hast mein Leben zerstört. Absurderweise war ich gegen viele dieser Körperpartien aber auch einfach machtlos. Ich konnte noch so viele hagere Post-Punks und Speed-Technoide mit ihren engen Röhrenhosen hören, meine Beine sind bis heute schrecklich muskulös, und kein selbstgewählter Lebensstil wird etwas daran ändern, vermutlich, dass mein Körper mit seinem irren Haarwuchs aus allen Poren und seiner Grundstämmigkeit tausendmal weniger androgyn und dandyesk ist, als ich mir das wünschen würde.

Also, Fabian, aber jetzt zu deiner Frage. Für Leute wie den Felsi oder den Sascha oder mich ging es nicht um einen Pump-Body, sondern darum, was man damit anstellen kann. Ein Zehnkämpfer sieht anders aus als ein Sprinter oder ein Kugelstoßer. Ein Hammerwerfer muss aussehen wie eine Birne. Ein Hochspringer sieht aus wie ein dürrer Schlacks mit zu langen, bisschen zu dicken Beinen. Außerhalb des

Sports ist das lächerlich. Jede*r baute sich zusammen, wie es sein musste, und das war nicht immer das klassische Griechenland. Habe ich mich dabei heiß gefühlt? Vermutlich, aber auf asexuelle Art, ich habe schließlich in der ganzen Zeit ja doch after all nicht einmal rumgeknutscht. Fühle ich mich heute heiß? Ich werde vermutlich von anderen Menschen heute auf andere Art heiß wahrgenommen, als das damals der Fall war, nur: Mittlerweile kann ich das annehmen, mittlerweile kann ich das erwidern. Aber ja, ich posiere seltener vor dem Spiegel.

Der Sport hatte für mich immer ein performatives Element. Gar nicht unbedingt der Moment des Wettkampfs, sondern der Moment unmittelbar zuvor, wenn die lange Trainingshose ausgezogen ist, der Pullover über den Kopf gezogen, die Momente einsam am Startblock oder am Anlaufpunkt, in der plötzlichen Kälte, im Wind, nichts schützt, nichts trennt, ein Gefühl von Ausgeliefertsein, aber auch eines, in dem Aufmerksamkeit sich zentriert. Ich bekämpfte meine Furcht vor der Distanz mit Posen und Gesten, ich versuchte, mich zu spielen.

Ich war damals ein anderer Sportler als die anderen, trug lange Haare und Bart, hatte eher den Habitus des Studenten als den des Leistungssportlers, und ich spielte aus, was ich ausspielen konnte. Ich stolzierte herum wie Freddie Mercury, ich blickte umher wie Jim Morrison, ich schlug mir gegen Brust und Wange, einmal, zweimal, ein drittes Mal, wie ich es von Klaus Kinski kannte. Ich weiß nicht, ob es wirklich einen psychologischen Vorteil verschaffte. Für mich war Leichtathletik, neben allem soldatischen Überwindungsdiskurs, immer auch Tanz, und als mein Vereinstrainer Martin mir erzählte, dass er in seinem Zehnkampf-Kader zu den

Olympischen Spielen in Seoul immer auch Ballett mittrainierte, weil das ideales Körpergefühl und maximale Körperkontrolle vermittelte, fühlte ich mich angekommen. Das sagt viel über mein Verlorensein vorher aus, glaube ich.

Ich musste in letzter Zeit für das Seminar, das ich in Marburg gebe, oft über die TAT nachdenken, jenes diffuse Ding, das in den meisten Entwürfen sakralisierter politischer Männlichkeit eine Rolle spielt, und ich glaube, sie spielt auch ohne, dass ich den Impuls fassen konnte oder irgendwas davon ahnte, in meinem Selbstbild als Sportler eine Rolle: Die TAT, das ist der Moment, in dem ES passiert – der Sprung, der einen Meter weiter geht, durch bloßen Willen, der Moment, in dem der Oberkörper sich verlängert, irgendwie, um vor einem anderen über die Ziellinie zu gehen.

Wir wollen die Tat, sagen die Faschisten, und sagen nicht, welche das sei, und der Bilderbogen zeigt Blutflut. »Ich bin die TAT«, sagen die Vorläufermodelle von Hitler, die Inflationsheiligen der frühen Weimarer Republik, und wissen nicht, ob es der bloße polygame Ehebruch sein soll oder doch, um den Polit-Heiligen Louis Häusser zu zitieren, gleich die »Metzelsuppe«. Ausbrüche, Einbrüche sind Taten, Bomben und Schüsse. Ich habe bei meinen Helden einen vergessen: Andreas Baader, eine damals noch beinahe aktuelle Gestalt. Natürlich bewunderte ich den Mann, weil er zugleich das faschistoide Sheriff-Moment auf seiner Seite hatte wie das des Robin Hood. Und, weil er beides sein konnte, intellektueller Dandy und rabaukiger Terrorist. Meine Tat war der Dreisprung, meine Tat waren 400 Meter.

Ob ich mich heiß gefühlt habe, Fabian, ja!? You bet. Und hässlich und schlimm und ungenügend. Und das waren spiegelbildlich die gleichen Gefühle und die gleichen Posen wie zuvor im muffigen Kinderzimmer, als ich noch ein Außenseiter war. Auf den Sportplätzen in St. Ingbert oder Homburg-Erbach stand das nun alles unter positiven Vorzeichen. Und natürlich lag noch die ein oder andere neue Transformation vor mir, bis sich das alles ausbalancieren sollte. Wenn überhaupt, als ob.

Ich fand im Wind vor dem Wettkampf meine Pose und im Grunde stehe ich da, wenn ich mich spiele, noch immer. **Mads, wie hast du deine Pose gefunden?**

MADS · Das bewegt mich, das Bild von dir auf dem Sportplatz, Steffen. Wie der Wind dein dichtes Brusthaar walkt, sich die Schweißperlen von deinen dunklen Lockenspitzen lösen und auf der Tartanbahn zerstäuben. Wie sich die ruhende Kraft deines Körpers als Potenzial in den Raum verlängert. Wie die Haltung alles schon vorwegnimmt, die Zukunft im Moment verdichtet. Steffen vorm Dreisprung. Da wäre ich gern du.

Ich erinnere mich noch an die rollenden Schultern des Kerls vor mir in der Marschordnung. Wie sie sich mit jedem Schritt nach vorn senkten, als würden sie eine Schaufel führen. Das wollte ich auch gern sein. Das wirkte stark. Dafür brauchte man aber auch Schwungmasse, Schultern wie Pferdekeulen. Die hatte ich nicht. Statt wie ein Totengräber, sah ich dabei eher aus, als wollte ich Leine holen, wie ein Leichtmatrose. Aber das fiel nicht weiter auf, in der Kolonne. Dafür ist der Gleichschritt ja da. Der gibt die Haltung vor.

Ich glaube, diese rollenden Schultern, der gesenkte Kopf, das ist, was mein Vater »tigern« nennt. In all seinen Erzählungen der eigenen Genese zu einer Promenadenmischung aus Overachiever und Glückskind ist er »getigert«. »Dann bin ich da erstmal hingetigert …«, nach Indien oder Cambridge halt. So beginnt jedes seiner Husarenstücke. Ich habe da mal drauf geachtet. Ein Tiger läuft ja pirschend, gleitend, als wolle er die Anspannung vor dem Sprung unter einer natürlichen Lässigkeit tarnen, als wolle er nicht zugeben, dass er von tödlichen Instinkten getrieben ist. Als hätte er nicht mehr Absicht und Bestimmtheit als ein wankender Halm. So läuft mein Vater aber nicht. Er läuft gebeugt, er lässt die Schultern hängen. Ich glaube, er muss viel tragen. Ein Tiger trägt nichts. Vielleicht war das einmal anders. Vielleicht war es auch nie anders.

Ich glaube, meinem Vater war es immer wichtig, der Underdog zu sein, das Wunderkind, das schlau genug war, dass es sich nicht nach den Regeln zu richten brauchte, die gemeinhin die Haltung der akademischen Oberschicht bestimmen. Das ist für ihn »tigern«. Nicht »hammeln«, nicht »flattern«: »tigern«.

Ich weiß gleich, dass ich kein Tiger bin. Ich habe keine Haltung, ich finde immer nur eine in der Situation. Wie ist der Raum, was ist die Zeit, der Anlass, wer sind die anderen, welche Haltung haben die? Was erwarten die, was brauchen die gerade? Wer kann man hier sein? Oder eher: Wer muss man hier sein? Haltung ist für mich keine Wahl, sondern die notwendige Konsequenz der Situation. Das geht vielleicht vielen so.

Ich muss gestehen, dass ich beängstigend wenig Kontrolle über meine Haltung habe. Ich verfalle in Dialekte, egal welche, ob ich sie spreche oder nicht. Ich fasse mein Glas anders an, bewege meine Brauen unterschiedlich. Ich habe mal gehört, dass Menschen mit dissoziativen Störungen ihre Augenfarbe je nach Persönlichkeit, die sie annehmen, verändern. Das stimmt sicher nicht. Aber ich war mir ehrlich gesagt nie sicher, welche Augenfarbe ich habe.

Wäre es Absicht, könnte man es Schauspiel nennen, wäre es rücksichtsvoll, Einfühlungsvermögen. Vielleicht ist es aber einfach nur die natürliche Bedingtheit des Seins: die real gelebte Dekonstruktion. Angeblich kommt wahre Haltung ja von innen heraus, aus irgendeinem Kern, einer Persönlichkeit, etwas Unumstößlichen, was es da geben soll. Wie einem metaphysischen Mitochondrium, das in jeder Zelle Würde gebiert. Ich fürchte, ich habe das nicht.

Oft kann ich nur wenige Momente später, in einem anderen Raum, mit anderen Menschen, keinen Bezug mehr zu meinem vorherigen Ich herstellen, verstehe seine Gedanken und Worte nicht, finde mich nicht wieder in Gesten und Sorgen, die mich gerade noch bestimmten. Das macht mich manchmal zittern, als würde ich oszillieren zwischen den Haltungen. Dann beiße ich die Zähne zusammen, um irgendetwas Festes zu spüren. Eine Tonne kann so ein Kiefermuskel heben, die braucht es dann auch.

Vielleicht aber ist das alles ganz normal, wahrscheinlich geht das jedem so, aber das sehe ich natürlich nicht. Ich sehe Menschen in ihrer Haltung und nur in ihrer Haltung: Der gesenkte Blick hinter Zigarettenrauch oder die fahrige Hand vor dem im Redefluss schwankenden Kopf. Ich sehe Menschen, die es schaffen, sich durch die Momente, ja Tage und Jahre hindurch konstant zu halten. Rock solid. So wäre ich gern.

JENNIFER ·

Ich auch.

Deswegen bin ich dem Martinshorn gefolgt, deswegen den Lichtern.

Deswegen bin ich aufgestanden, wurde hingelegt deswegen.
Deswegen die Eile.
Weil da nur noch Wackeln war.

Deswegen bin ich hier.

Mit einem Wochenplan zum Dranfesthalten.
Und zur Antwort: Du hast ein bezauberndes Lächeln.
Auf jede Frage.
Alle umarmen sich übertrieben und ständig.
Kein Körperkontakt ist keine Option.
Optionen, die es auch nicht gibt:
Wein.
WLAN.
Keine Gefühle haben.
Gefühle haben und sie nicht zeigen.
Gefühle haben und sie zeigen, aber nicht darüber reden.
Im Gymnastikraum riecht es wie in der Urne. Nicht dass ich schon mal dort gewesen wäre, aber man hat ja Vorstellungen. Der Physiotherapeut soll wohl der motivierteste sein.
Dann möchte ich mal die anderen kennenlernen.
Eine Frage nur: Warum ist viel rauchen erlaubt und nicht mal ein bisschen trinken?
If you die, I'll kill you.
Ein Mädchen mit allen Haarfarben und einer Ratte auf der Schulter wühlt im Schrank mit den Glasuren. Es gibt alle. Und alle anderen gibt es im Katalog. Ich hol den mal.
Gute Idee.
Koralle?
Gucken Sie mal da auf der Liste. Ob das noch im Keller ist. Oder gucken Sie besser gleich mal runter.

Die Wege sind kurz hier. Dafür sind es viele.
Es gibt zwei Strategien gegen Denken.
1. Bewegung. 2. Umdenken.
Koralle ist aus. Was ich Ihnen alternativ anbieten könnte, wäre Lava. Ist ein bisschen heller, aber ähnlich dunkel.
Kompromisse.
Gute Idee.
Ah, Sie haben Ton für sich entdeckt.
Was ist das?
Ein Aschenbecher.
Ob man wohl Weingläser töpfern darf?
Der Trick ist Nudelwasser. Stärke verdichtet die Poren.
Es gibt noch einen, den hab ich vergessen.
Dienste gibt es auch. Zum Beispiel: Fischdienst.
Knock, knock, seid ihr gut drauf?
Na also. Meistens möchte ich tauschen mit den Guppys, aber in unserem Aquarium ist's auch safe und man kann »Fever« auf der Gitarre spielen und wird dabei angefeuert.
Ich gehe mal pullern.
Gute Idee.
Aber erst später.
Auch das.
Geht so Empowerment, Twitter? Kein Handy, kein Push.
Wer möchte am Donnerstag Blumenknollen kaufen? Bei Ihnen fängt es doch jetzt auch an.
Mit der Angst?
Mit der Balkonsaison. Da können Sie sich auch selbst gleich noch was holen. Narzissen oder Mut vielleicht.
Gute Idee.
Aber am Freitag muss ich demonstrieren. Ist jetzt neu ab diesem März.

Außentermine melden Sie in der Morgenrunde an.
»Sie kann nichts dafür, sie ist eine Frau.«
Störungen gehen vor.
Wird das ’ne Tapasschale?
Ne, das wird ein Aschenbecher.
Ist bei Rot über die Ampel gehen schon Hochrisikoverhalten?
Aber vorher ziehen Sie sich ein Schürzchen an. Ist sonst gefährlich mit der weißen Bluse. Sehen Sie gleich wie ein Schweinchen aus. Also ich zumindest immer.
»Sie kann nichts dafür. Das ist ihre Art.«
So, jetzt machen wir mal die Musik aus hier.
Kennt jemand noch Talk Talk? It’s a shame. Der Kollege ist leider auch von uns gegangen.
Grad neulich?
Gestern.
Primäres Gefühl?
Sekundäres Gefühl?
Haben die Guppys Depressionen, sie schwimmen so apathisch.
Knock, knock.
Blutzuckereinstich am kleinen Finger rechts. Blutabnahmeloch in der Armbeuge links. EKG-Saugnapf-Blutergüsse ganzkörperbeidseitig. Ganz gewöhnliche Spuren der Verwüstung.
Das ist kein Raumschiff mit Gartenzaun. Das ist ein Aschenbecher.
Ich weiß nun sicher: Alles hat Grenzen. Nur nicht die Fantasie.
Du weißt aber auch, dass das Gelbzeug nach dem Brennen braun wird. N-A-Z-I-braun.

Glaub's mir.
Und du weißt nichts über mich, nur weil wir zusammen Körbe flechten und morgen für uns beide Mittwoch ist.
Brötchenmittwoch.
16 helle. 16 dunkle. Alle Körner. Keine Körner. Nicht mal du hast diese Pupse verdient, obwohl du auf die falschen Demos gehst. Oder diese Träume.
Hat es schon gegongt?
Duft von 32 Zucchinipuffern in der Luft, das Allefarbenmädchen hält sich die Ohren zu.
Ich habe noch nie Milchreiskuchen gegessen. Ist heute der Dienstag, um damit anzufangen?
Sie dürfen alles.
Sie müssen nichts.
Schlafen wäre gut, aber hier gibt es nur:
Soja, Mandel, Hafer, 3,5 Prozent, 1,5 Prozent, Wasser, Staub.
Und Ultra-Ammoniak in Röhrchen in meinem Notfallmäppchen in meiner Jackentasche.
Alle protokollieren immer und denken, niemand würde es merken. Steht die Tür etwa einen Spalt offen?
Sie dürfen nichts.
Sie müssen alles.
Dieses Rotorange auf deinen Nägeln ist mir gestern schon aufgefallen. Auch das auf deinen Lippen. War aber ein bisschen anders als heute. War: schöner.
Schön war das Leben, schlecht war die Welt.
Aufspalten, und der Länge nach einfädeln. Alle fünf dazwischen und damit sind Sie jetzt erstmal beschäftigt.
Viel Spaß.
Das sind keine Tassen, das sind Aschenbecher. Nach der Beutelentfernung bleibt genug Tee für einen Atemzug und

am Ende ist man dort, wo es so riecht wie im Gymnastikraum.
Genau, genau, überall kommt ein Schlitz rein und dann schauen wir, dass wir das gleichmäßig aufteilen. Pi mal Daumen.
Also erstmal muss alles hier drauf.
Hä.
So.
So. So.
Und so.
Dann haben Sie hier den Boden.
Oh, vielen Dank. Gut, dass du wieder da bist, meine Füße hatten dich schon ganz vergessen.
Geben Sie ihnen Zeit, das muss man erstmal verkraften.
Die Fresse des Physiotherapeuten? Dass die Torte im Kühlschrank drei Böden hat?
Oder die Kita mit Namen »Die Optimisten«, in der bestimmt keine Plätze mehr frei sind für meine Ungeborenen?
Kein Problem. Kein Zyklus.
Vielleicht sollten wir auch noch mal zwei neue Staken draufstecken.
Aber erst kommt der Schlitz. Erst müssen Sie die hier mal spalten.
Dieses Rotorange.
Du hast ein bezauberndes Lächeln, aber gestern war es: schöner.
Können Sie auch mit nach Hause nehmen.
Das Raumschiff jetzt, oder meine Würde?
Nichts ist eindeutig im Leben. Im Norden Regen, im Süden Sonne, sechs bis 13 Grad. Das ist mir schon gestern aufgefallen, aber da konnte ich noch: lächeln.

Sagen Sie schon, worauf ich mich verlassen darf.
Morgen ist Mittwoch.

Deswegen bin ich hier.

FABIAN • Okay, krass, Jenny, du warst plötzlich weg, aber trotzdem irgendwie da. Ich wollte dich besuchen und hab es in den fast drei Monaten nicht ein einziges Mal geschafft, unser loses Spaziergangsdate einzulösen. Du hast in dieser Zeit sehr gefasst gewirkt, solide, aufgeräumt, irgendwie, und du hast mit deiner Entscheidung, ohne dass du es vielleicht beabsichtigt hast, auch deinem Umfeld einen Spiegel vorgehalten.

Ich frage mich, ob mir so etwas auch passieren kann, und oft taste ich mich ab. Was hat es mit diesen Fluchtreflexen auf sich, die ich immer wieder spüre? Warum diese Momente, in denen ich das Gefühl habe, dass sich da gleich ein Schalter im Kopf umlegt und mir die Kontrolle über meinen Körper entgleitet. Trotzdem komme ich zu dem Schluss, dass ich mich selbst doch meistens auch so gefasst, aufgeräumt und solide anfühle. Rock solid, beinahe.

Vielleicht ist das eine übertriebene Affektregulierung, die ich mir für den Alltag antrainiert habe, die schützt vor Enttäuschungen, dämpft aber auch die Freude an manchen Dingen. Wir machen ein Projekt zusammen? Freut mich, aber nicht übermäßig. Ich werde nicht vor Glückseligkeit ausrasten, wenn das alles klappt. Ich freue mich zwar, noch mehr aber im Stillen oder allein, für einen kurzen Moment. Dieser Moment ist dann aber stark. Und weil die Dinge weitergehen weiß ich auch, dass dieser Moment vorbeigehen wird und die Freude und das Glück und dass man daran im wahrsten Sinne arbeiten muss. Das macht ja nicht immer nur Spaß. Vielleicht kann man das pragmatisch nennen.

Außerdem ist meine Toleranzgrenze hoch. Es dauert schon recht lange, bis ich richtig sauer werde. Deswegen scheue ich aber keine rationale Konfrontation oder Trauer oder Weinen. Trotzdem mache ich viel mit mir selbst aus, ohne Dinge in mich hinein zu fressen. In einem Teil meiner Familie hörte ich mal den Spruch, dass die männlichen Exemplare auf dieser Seite der Familie sich schnell ungerecht behandelt fühlten. Das war mir Warnzeichen, nicht bei jedem Furz die Fassung zu verlieren, immer aushandeln zu müssen, mich nicht immer »gemeint« oder angegangen fühlen zu müssen.

Im Wut-Kapitel fragt Steffen nach meiner süßesten Rache. Dort spreche ich darüber, dass meine Rache eher still und klein ist und dass das alles aber auch mit dem Preisschild Affektkontrolle einhergeht. Warum? Das ist hart, aber wenn ich darüber nachdenke, könnte man es so lesen, dass mein Emotionshausalt ausgeglichen ist, weil ich in meiner Affektkontrolle, so Über-Ich-mäßig, nicht unterscheide zwischen Menschen und Situationen, die mir gegen den Strich gehen, und schönen, tollen, begeisternden Menschen und Situationen – ohne diese Nicht-Unterscheidung aktiv und bewusst zu treffen. Hm. Ist so etwas überhaupt möglich? Das klingt erschreckend. Ich mag Menschen, meistens.

Versteht mich also nicht falsch, ich versuche, das hier ein bisschen auseinanderzunehmen. Ich taste mich also schreibend gerade vor, möchte ganz eindeutig sagen, dass ich euch liebe, Leute. Ja, im Ernst.

Rock Solid heißt ja vielleicht auch, dass man sich nicht verändert oder wenig von sich zeigt. Ich möchte gar nicht bestreiten, dass das auf mich nicht bis zu einem gewissen Maß zutrifft. Andersherum heißt felsenfest vielleicht auch so etwas wie »ordentlicher Gefühlshaushalt«. Ich weiß nicht. **Steffen**, zum Beispiel, wir sind da ja ganz unterschiedlich, wie wir uns äußern, auf Dinge reagieren und das alles. **Möchtest du mich kurz kneifen und sagen, dass alles in Ordnung ist?**

STEFFEN • Natürlich kneife ich dich, Fabian, wenn, weirdly enough, gerade das das ist, was dir hilft, das und dich okay zu finden. Denn erstens: Was immer du brauchst, sowieso, und zweitens: Ich habe dich beobachtet, Fabian, und was ich an dir oft wahrgenommen habe, seit ich versuche, deine Felsenfestigkeit zu unterminieren, ist eine gewisse Art Sanftheit, die ich nicht zärtlich nennen mag, aber die doch von einer sehr sensiblen Person zeugt.

Klar, die meiste Zeit bist du echt ein Knochen, stabil, aber behäbig, verlässlich, aber ohne Überraschungen. Wenn du wüsstest, wie oft ich mich darüber aufgeregt habe, dass deine Self-Care immer dort beginnt, wo es für dich als leader of the gang, als Chefredakteur unseres Magazins, der du allein, aber nicht nur, qua Gewohnheitsrecht nun einmal sein musst, eigentlich die Aufgabe wäre, dich selbst und uns in den roten Bereich zu führen, wo das Geniale entstünde. Du bleibst konsequent lieber bei deinen soliden 90–95% und hast uns damit oft genug ausgebremst. Und dann hast du auch noch die Chuzpe, das nicht so irgendwie Berlin-mäßig zu begründen, dass es wenigstens irgendwie edgy wäre, Burnout, Überlastung, Yoga-Rat, sondern mit so einem bodenständigen »Keine Lust«. Immerhin schickst du mich nicht ins Bett, wenn ich wieder in meinem Aberglauben, dass der göttliche

Funke zwischen nachts um drei und vier ein bisschen heller ins Gekritzel leuchtet, irgendwelche tragenden Texte auf den letzten Drücker ohne Schlaf schreibe. Ja, Fabian, du bist kein Mensch der Extreme.

Ich habe dich beobachtet, Fabian. Und frage mich jetzt eher, wie ich den zuckersüßen Boy, den ich schüchtern bekifft in der Ecke habe sitzen sehen, mit dem Fabian, den du mir gerade gezeichnet hast, zusammendenken kann. Vergisst du dann, wenn du der stabile Fabian bist, dass du auch der Fabian bist, der ernsthaft seit Jahren versucht, eine andere Form des Fingerschnippsens zu lernen, weil du das, ich weiß es nicht genau, in Südamerika oder Karlsruhe gesehen hast, die Finger einfach schnell aufeinanderschlagen, und es klappt nicht, es klatscht nicht, knallt nicht, und du übst und übst? Und noch einen Fabian habe ich gesehen: Einer, der tatsächlich nicht weiß, wo der Weg als nächstes hingeht und der darüber sprechen kann, wie er unsicher wird. Und irgendwie sind die verbunden mit dem Fabian, den ich hier beim Schreiben dieser Texte auch noch mal neu kennenlerne. Der uns mehr und mehr hineinlässt in die komischen Zeiten, die wir alle durchgemacht haben müssen, pummelige Zeiten und Pickelzeiten.

Ich frage mich, ob dein Humor, der so viele angespannte Situationen ganz nebenbei auflöste, in diesen Zeiten wurzelt. Herrje, Fabian, du bist wie ein Siebtklässler, der seinem Banknachbarn ins Ohr pustet und sich diebisch darüber freut, und das bist du vermutlich auch mit 40 noch und mit 70, und ich freue mich, jetzt den tatsächlichen Siebtklässler Fabian ein wenig kennenzulernen, in deinen Antworten. Den ich mir ja gar nicht anders vorstellen kann als einen »Fabi«, aber so einer, das magst du ja nicht sein.

Ich glaube, eigentlich bist du, bei aller Felsenfestigkeit, irgendwie zwölf geblieben. Und vielleicht verstehen wir uns deshalb auch so gut, wenn wir auch, wie du schreibst, in vielem »ganz unterschiedlich« sind. Denn wenn sich auch unsere inneren Kinder nicht so ganz intuitiv harmonisch verstehen würden – deines ist wahrscheinlich ein Abwehrrecke auf dem Ascheplatz, meins ein verstörter Gottessucher – sie gingen immerhin in die gleiche Klasse. Unsere inneren Kinder sind zwölf, Jennys ist 16, ahne ich, und Mads' vermutlich sowas wie 35.

Jenny, das letzte, was du geschrieben hast, war Mindfuck aus dem betreuten Leben, und das hängt noch so in der Luft, und vielleicht ist das genau auf diese Art auch okay. Ich weiß, wie es dir geht, wir vier wissen, wie es dir geht. Wir haben geredet, im real life. Was mich hier interessiert, weil ich weiß, dass du suchst: Magst du dich ein großes Stück zurück wagen, hinein schauen, und berichten, was du gefunden hast? **Jenny, erzähl von deinem inneren Kind und davon, wie du gerade zu ihm stehst.**

JENNIFER • Ich erinnere nicht viel, Steffen, aber ich versuche es mal: Beatpoesiebiografie. Augenblicke, die nie länger dauern als Augenblicke.

Wie T. einen Asthmaanfall hatte auf dem Fußballfeld zum Beispiel und ich ihn Mund zu Mund beatmete, mit neun, lass es zehn gewesen sein, jedenfalls ohne Halter unter dem bauchfreien Blümchentop von C&A. Spürbarer Kontakt zwischen Stoff und Knospen, noch keinen Gedanken verschwendet an Wachstum. Dafür gab es ja euch: Mama, Madonna. Und irgendwann einen BH mit Bügeln zum Geburtstag, mit harten Bügeln, spitzen Nähten, dunkelblau, im

Set mit Tanga. Von C&A auch, na sicher. Ich sehe das Schild vor mir mit der Größe. Klein. Zu groß für mich. Zwecklos, bis auf die Geste.

Große Gesten, davon gab es reichlich. Und vermutlich würde sie heute passen, die Stützvorrichtung fürs Frausein, aber da beginnt ja das Problem: maturity gap, so heißt das doch. »Reifelücke«. Identität selbst loipen, jenseits eurer Fußstapfen. »Wenn du mal erwachsen bist, kannst du das alles allein entscheiden, machen, wie du es willst, dann geht uns das ALLES NICHTS mehr an.« Super Sache, diese Drohung mit der Freiheit. Und hier stehe ich nun: körperlich reif für Kinder, seelisch Kind.

Dann, wie ich den Fahrradhelm nach der ersten Kurve hinter unserer Doppelhaushälfte abgenommen und am Lenker hab baumeln lassen, ähnliches Alter wahrscheinlich, kurz bevor mein Bruder zur Welt kam. Schwere Geburt, vermutlich leichter als meine. Danke, dass ihr es trotzdem versucht habt. Immer wieder, mit dem Behüten. Gutes Wort auch, nie drüber nachgedacht. »Denk mal drüber nach!«

Wie ich aufwache im Hochbett an einem Samstag und mich freue, weil heute der Tag ist, an dem wir zu IKEA fahren. Wie ich aufwache im Hochbett, am selben Samstag und mich freue, weil heute der Tag nach dem Tag ist, an dem ich nur einen Apfel gegessen habe und ein Brötchen. Aber dafür Sit-ups gemacht für zwei. Wie ich geweint habe, geheult, »geflennt«, als ich das erste Mal alleine mit der Straßenbahn zum Tanzunterricht fahren sollte. Linie 11 bis Wilhelm-Leuschner-Platz, Durchgang zum Hinterhof neben dem Döner-mit-alles-Laden, wenig später war das, vielleicht auch ein wenig mehr, wer weiß das schon. Dinge verschwimmen.

Als Kind erinnere ich mich bei all dem ohnehin nie. Es gibt diese Wand mit Bildern auf Raufasertapete, Zuhause, Schwammtechnik, auch Bilder von mir: ein Mensch in Wachstumsschüben. Glatzköpfig erst, dann rothaarig, heller als jetzt, weniger lockig, aber zu erahnen, was kommt: ein Mädchen wahrscheinlich, weil die viel zu tiefe Stimme nicht zu sehen ist und nirgendwo das Mountainbike. Was all das mit mir zu tun hat, sehe ich genauso wenig. Ich sehe gerahmte Erinnerungslücken, jeder Besuch verzweifeltes Fahnden nach Indizien, aus denen ich mir so etwas wie eine Vergangenheit zusammenbauen kann. Geschichte aus Geschichten.

Das klingt jetzt schlimmer als es ist. Man stellt sich ja immer die Frage der Angemessenheit, um sie dann mit »unangemessen« zu beantworten und sich schuldig zu fühlen. Und klar gab es auch die guten Momente, viele mit Sicherheit, man muss nur intensiver nach ihnen suchen. Kennt man ja: Ostern. Da liegen die besten Nester auch nie auf Sichthöhe. Wie viele Pappeier noch in den Bäumen warten am Chemnitzer Schlossteich, im Lindenthaler Wäldchen, und wie viele hätten warten können in dem Beinahbaumhaus, für das ich schon den Baum ausgesucht hatte im Garten mit der Schaukel ohne Verankerung, dem Garten mit dem Gastank umrankt von Walderdbeeren, dem Garten mit dem Fahrradschuppen mit Vorhängeschlossattrappe, Warteraum für das Schlüsselkind ohne Schlüssel ohne Kind. Überhaupt standen alle Tore und Türen immer offen für den Carport, der nie kam, für die Katze, den Wind und Eingeweihte, ein Haus aus Weiden ist es geworden, das Niemalsbaumhaus, nachdem ich ausgezogen war. Wie viele Schokokörbchen noch in Büschen warten müssen aus Jahren, in denen selbst Rhododendron nicht auf Sichthöhe lag.

Und sie sagt: Du hast ja nie gefragt, und ich sage: Du hast nur nie geantwortet. Und sie fragt: Warum hast du nichts gesagt, und ich antworte: Du hast ja nicht gefragt. Ob ich mir die VHS-Kassetten mal angeschaut hätte, die würden sicher helfen. Lieb von dir, kein Zweifel daran, aber das ist nicht die Vergangenheit, die ich suche, sondern die, die du für mich gefunden hast. Wie die alten Fotos, die du mir schicktest auf dem neuen Telefon. Kurz nachdem du geschrieben hattest, du könntest mir nicht helfen, und ich nicht wusste, ob du die Sache mit dem Putzen meinst oder die mit dem Glücklichsein, doch in jedem Fall, dass das nicht stimmt. Dass es nur schwer ist, aber so schwer nun auch wieder nicht. Nur anders als Sätze mit »mein kleines, großes liebes Mädchen«, denn weder das eine noch das andere bin ich mit 31 und 1,64. Aber Jenny zum Beispiel, die war ich immer, auch wenn ich Jennifer Beck hieß oder »mein Fräulein«, für Momente, in denen ich nicht das kleine große liebe Mädchen war, aber trotzdem deins.

Steffen, Mads, Fabian, Freunde, ich bin neidisch auf euch und eure Erzählungen von früher mit Orten, Namen, Alter und Farben. Mir sind meist nur die Gedanken geblieben, sie kommen nachts, wenn ich eigentlich nicht denken möchte, und manchmal kommen dann auch Bilder, aber sie passen nie dazu. Und zuerst dachte ich, prima geschätzt, Steffen, das mit der 16. Antibabypille-Jenny, Jenny mit Ansätzen einer Hüfte, wachsenden Brüsten und Dehnungsstreifen an Po und Oberschenkeln, Jenny mit Bügel-BH von C&A. Aber wenn ich ehrlich bin, hängt mein inneres Kind noch immer an Mamas Brust und zerbeißt ihr die Warzen. Info dazu für alle kommenden zwischenmenschlichen Kontakte und Bordsteinabende vorm Späti International: Ich verstecke das gut, es gibt ja Strohhalme (noch), aber ich bin nach wie vor unfähig aus Glasflaschen zu trinken, Saugreflex. Nähe und Distanz, das Ding mit der Liebe, du erinnerst dich Steffen, und jetzt erinnere ich mich auch und erschrecke.

Mit Plastikflaschen ist jedenfalls alles besser außer der Ökobilanz – weil sie sich zusammenziehen bis nichts mehr geht. Wie ich Luft lasse zwischen mich und das Material, habe ich bis heute nicht gelernt, dass das ungesund ist mit dem Beibehalten kindlicher Muster dafür schon. Im betreuten Leben, wie du es so schön nennst, Steffen, als sei es nicht mehr lange bis zur Schnabeltasse, habe ich sie verabschiedet und betrauert. Die Dinge, die früher mal Sinn machten, als Überleben buchstäblich von den Eltern abhing, Dinge, die Kinder tun, um gesehen zu werden, gelobt, geliebt. Anerkennung eben. Daseinsberechtigung. Die heute aber keinen Sinn mehr machen, sondern: abhängig, wo ich es nicht mehr sein müsste.

Ich habe dich lieb, Mama, und deine Gesten gesehen, den Helm und all die sichtbaren Schutzversuche. Mit meinen großen braunen Augen, deinen Augen. Und gespürt habe ich auch die unsichtbaren. Und ich habe auch den Papa lieb und seine Nase zum Nichtliebhaben, meine Nase. Und alles, was ihr lieb gemeint habt, und ich weiß, dass das wirklich alles war, und ihr es noch heute so meint und ich ja genauso, aber da sind auch die Traurigkeit und die falsche Verantwortung und die Sehnsucht.

Irgendwo stand, und das stimmt, dass Kinder selbst nie zur Romantisierung von Kindlichkeit neigen, sondern dies eine Tendenz von Erwachsenen ist, die mit ihrem Erwachsensein nicht klarkommen. Das ist, was Dinge kompliziert macht, aber auch, was nach Blaubeeren schmeckt, sobald ich Waldboden betrete, und nach Harz riecht an meinen Fingern. Was sich anfühlt wie Mottogeburtstage aus dem Mottogeburtstagebuch. Und aussieht wie die Fische aus Pappe, die du zeichnest, Mama, als seien sie lebendig. Und ich kann sehen, wie du sie ausschneidest, und mit Alufolie beklebst, ich sehe den Pritt-Stift in deiner Hand. Und wie akkurat er die Kanten abfährt. Ich kann sehen, wie du alles richtig machen willst, aber trotzdem Leim am Ärmel hast. Und wie sehr du dich ärgerst, als du es bemerkst. Wie du die Fische an das Kleid aus Kartoffelnetz knüpfst und ich Arielle darin werde, später. Wie ich tanze, als sei ich lebendig. Und wie das Kostüm leidet unter den Bewegungen, und die Fische knicken und reißen und sich verfangen wie Marionetten in den Fäden, die sie eigentlich aufrecht halten sollen. Ich kann sehen, wie alles unentwirrbar wird, aber eben auch alles eins. Und wie wir so sehr aufeinander aufpassen wollen, dass wir uns selbst vergessen. Wie wir pausenlos Wache halten.

Wie Dinge dennoch passieren. Zum Beispiel: Fehler.

Wie wir uns entschuldigen. Und es wirklich so meinen.

Und dann: Kinder Pingui. »Pinguschnitte«, die mir auf der Schultreppe runterfällt vor dem Sekretariat im ersten Stock gleich neben dem Ausfallplan, erste Anlaufstelle jeden Morgen. Ich hebe sie auf und esse weiter, »Dreck reinigt den Magen«, da war ich nie so und genauso habt ihr mich sein lassen an den vielen guten Tagen. Und über die anderen denke ich heute: Insgesamt, sicher, hätte ich reinlicher sein können, aber ich bin auch sicher, dass ich ein Kind war, und welches Kind ist das schon? Reinlich. Und heute kommen die Menschen zu mir, und sie tun es gern, und fühlen sich wohl, stimmt doch, Jungs, jetzt sagt doch auch mal was. Und sie merken nichts von meiner Lappenphobie, weil es trotzdem okay aussieht, und ich weiß das, weil sie sagen: »Alles so aufgeräumt bei dir.« »Oberflächliche Sauberkeit«, sage ich dennoch aus Reflex und werde so klein, dass ich die Osternester im Baum nicht entdecken kann, nicht mal die in den Büschen. Und ich denke an meine Lappenphobie und daran, dass ich mich schäme, weil es okayer aussehen könnte und die Menschen nur nett sein wollen, anstatt zu denken: Vielleicht haben sie ja recht, vielleicht bin ich erwachsen und mache das jetzt einfach, wie ich es will. Und vielleicht mache ich es gar nicht so schlecht.

Hier sollte eine Frage kommen, das schreibt das Konzept ja vor. Aber wo ich gerade so konsequent bin im Schlussmachen mit Vorschriften, wäre es schön, wenn das so stehen bleiben könnte, weil es schwer war für mich. Ein Stein, der sich keinesfalls rund anfühlt, aber jetzt mal so daliegen darf, wie der Gedanke, dass Erwachsenwerden ohne dabei verrückt oder kriminell zu werden, eine Aufgabe ist, die wir im Leben nicht schaffen, und deswegen lieber abhängige Kinder bleiben, weil das krass ist, aber immerhin weniger krass, als die Einsamkeit unserer Entscheidungen akzeptieren zu müssen. Denn das, nur das ist am Ende, was Erwachsensein ausmacht. Und weil niemand damit klarkommt, gibt es Nostalgie.

Liebe,
Körper,
Wut
&
Nazis

Bist du Menschen überlegen, die ausflippen, weil du denkst, dass du jeden Konflikt mit Worten lösen kannst?

STEFFEN · Liebe Jennifer, es gab, letzte Woche, als wir unsere Themen losten, unsere Ausgangsfragen, einen kurzen Moment von Nervosität, unerwartet, wir beide blieben übrig, wir beide und zwei gefaltete Zettel und mein Herzklopfen. Nur eine Schattierung gab es, in der ich mich noch weniger wohl gefühlt hätte. Das war die Liebe. Die hast du dann abgekriegt, Jenny. Ich hoffe, du hast damit deinen Spaß. Mir blieb die Wut.

Ich mache mir, seit ich aus der Pubertät rausgekrochen bin, Sorgen um meine Wut, und das heißt: um ihr Fehlen. Ich habe Lücken im Diorama meiner Seelenzustände. Ekstase ist so eine, Wut eine andere. Ich erinnere mich daran, dass in meinen Kindertagen Wut zu jenen Gefühlen gehörte, die sich nicht gehörten. Wut, das war das emotionale Äquivalent zu Fußballspielen: Etwas für die anderen, tendenziell unter mir agierenden, wobei ich nie verstand, von welchem diffusen Punkt aus sich das – und auch ich mich – vermessen ließe, schließlich war auch da, wo ich herkomme, weder Bildung noch Geld das große Ding.

Wut wurde, freundlich unterstützt von das Beste wollenden Erziehenden, Turnvereinstrainer*innen, Kindergottesdiensthelfer*innen, Kinderchorleiter*innen und Kindergartentanten, von mir nie angenommen, verdrängt meinetwegen, vor allem in anderes verwandelt, vor allem in beständigen Frust an der Welt und an mir. »Viel zu viel Ärger, viel zu wenig Wut«, sang die Songwriterin Dota mir ins spätstudentische Ohr, sie hatte da mal recht. Ich war immer neidisch auf wütende Menschen. Wut, genau wie all die anderen Extreme, in die das Gemüt gleiten kann, schien mir, war der Motor, den ich nie zünden konnte. Angekommen bin ich immer, aber solide mit 25 km/h, als alle schon wieder schlafen gegangen sind.

Heute weiß ich, dass das nicht stimmt. Ich hatte bloß kein Vertrauen in meine Wut. Ich habe sie gefürchtet. Ihr ist das egal. Jetzt fehlt meiner Wut Ausdruck, Sprache. Ich habe nie andere Menschen geschlagen, aber mich selbst sehr oft. Das hat sich nie geil angefühlt oder tief befriedigend, so wie ich immer dachte, dass es sich vermutlich anfühlt, wenn man seiner Wut freien Lauf lässt.

So sahen die schließlich aus, die Prügelnden, wo immer man sie sah: Kaputt, aber glücklich, angeschlossen an den großen Strom toxischer Männlichkeit, der zwar für alle die Hölle, für die, die ihn durchwaten, aber eben auch Geborgenheit und Wärme ist. Und meine Unfähigkeit, darin aufzugehen, ist natürlich Teil der gleichen Erzählung. Heute habe ich weniger Sorge um meine fehlende Wut als davor, welche Wege sie findet. Von Menschen wie mir geht die viel größere Gefahr aus als von jenen, die ihre Konflikte mit Fresse polieren regeln und dann halt wieder miteinander anstoßen.

Also, nein, liebe Jenny, nein, ich fühle mich nicht überlegen, weil ich meine Konflikte anders löse als mit der ominösen Faust, oder, seien wir ehrlich, die Welt ist selten Bud Spencer, mit Treten, Schubsen, Schreien. Natürlich sind wir, die wir Wut und ihre Grenzen nie richtig kennengelernt haben, auch die, die eines Tages ihre Familie abschlachten, das Nachbarskind erdrosseln oder die Moschee anzünden.

Was das alles damit zu tun hat, mit diesem Deutschland, oder damit, wie wir zu Männern geworden sind, dafür finden wir schon Ausreden, die meisten sind wenig plausibel, aber plausibel genug, nicht danach zu fragen, hinterher. Klaus Theweleit names it ja schon in den *Männerphantasien* und, noch mal viel später, in *Das Lachen der Täter*, in Untersuchungen zu prä-faschistischen Freikorps und zu den Terroristen von heute. Da gibt es Festigkeiten, Panzerungen um das Ich, die Angst, sich zu vermischen, das ist, was diese Männer prägt. Und im Zweifel gibt's einen Flintenschuss, na klar. Es ist alles bekannt. Was umso schrecklicher macht, dass es so weitergehen wird.

Ich, Anders Breivik, Anis Amri, David S., die Freikorps. Natürlich ist diese Reihe Fiktion und wird es mit nahezu maximaler Sicherheit bleiben. Trotzdem checke ich alle Boxes so dämlich präzise, dass ich schon wieder fast die Augen verdrehe: conflict-ridden young man mit zerstörter Körperwahrnehmung, unvollständiger Selbstwerdung, fehlender Fähigkeit, sich und andere zu lieben, dauergekränkt, Entdifferenzierung, Entlebendigung. Check, check, check. Das Leben erleben ließe sich, wäre das wirklich so, nur noch in der Vernichtung des Gegenübers, nur die Verbreitung des Anderen erlaubte das Erleben des eigenen Körpers als strukturiert, fest.

Vielleicht ist meine Arbeit als Musikkritiker einfach eine

Form der Sublimierung dieses Triebes, die Macht haben zu wollen, andere einfach zu zerreißen. Aber andererseits: immerhin. Und eigentlich nehme ich ja doch auch schon sehr fest an, dass ich ein wesentlich angenehmerer Mensch bin als, say, Kapp-Putsch-General Walther Freiherr von Lüttwitz. Sowieso ist es geschmacklos, meine irrealen Issues so in den Mittelpunkt zu stellen angesichts dessen, dass Menschen, die weniger nach Täter aussehen als ich, also durchschnittlich groß, weiß, männlich, tatsächlich verstärkt lernen müssen, mit Angst vor diesen Tätern umzugehen, einer Angst, die keineswegs so theoretisch ist wie meine, auch ein Täter sein zu können. Ich weiß das, ich verstehe das. Aber die Angst bleibt, die Angst vor dem Moment. Weil der Moment, das plötzliche Umkippen, eben angelegt ist, bereits in dieser psychischen Konstellation.

Zwei Umkippmomente, an die ich mich erinnere, gerichtet gegen mich: Kurz nach einem Klinikaufenthalt war ich auf einer WG-Party in Friedrichshain bald in einem Gespräch gefangen, das sich darum drehte, wie ich Berlin kaputt mache, weil ich hier hinziehe, ich mich also bitte schnell wieder in meine Provinz verpissen solle. Ich sah den Punkt und fragte, ob es für Menschen wie mich nicht besser sei, sich einfach umzubringen, was mein Gegenüber, ein betrunkener Akademiker-Bully, schulterzuckend bejahte, woraufhin ich mir eine nahebei stehende Lidl-Rum-Flasche griff und sie mir so über den Kopf zog, dass ich als Unruhestifter nicht nur sofort von der Party flog, sondern am nächsten Morgen zum Arzt musste, weil ich das Gefühl hatte, mein Kopf zerspränge vor Schmerzen.

Und dann, ähnliche Situation, ein bisschen später, Neukölln: Vor unserer Stammkneipe traf ich im letzten Sommer auf einen völlig druffen Mann im H&M-Anzug, der auf uns zukam, er könne mich im Battle-Rap schlagen, was ich selbstredend als Battle-Rap-Vollamateur nicht bestritt. Ich sei ein Schwächling, ihn nicht zu fighten, sagte er, sodass ich mich auf den Boden warf und ihm die Füße küsste, während meine Freund*innen schockiert daneben standen und hofften, es sei irgendeine weirde Art von Performance. War es aber nicht. War eben der Moment. Und ich kann es nicht mal auf den Alkohol schieben, so viel war da nie im Spiel. Sobald ich auf Menschen – und meistens, aber nicht nur, sind es Männer – treffe, die mir explizit körperliche und intellektuelle Überlegenheit suggerieren, will ich mich intuitiv mit dramatischer Geste unterwerfen und mich, den Unterlegenen, vernichten.

Ich habe Angst, dass sich etwas in dieser Gesellschaft aufheizt und dass meine Reaktion, wenn es dann kocht, nicht wachsende Abscheu und Solidarität sein könnte, sondern Affirmation und mein eigenes Aufgehen in Gewalt. Mein Umkippen des Gewaltpotenzials gegen mich in ein Gewaltpotenzial gegen andere, weil die Menschen mit Macht mir diesmal sagen, ich würde dazugehören. Meine vermeintlich fehlende Wut ist Ausdruck dieser Angst. Und gleichzeitig komme ich nicht von der längst überholten These weg, dass man wütend sein muss, um nicht zum Täter zu werden. Ein double bind of hell.

Ich glaube nicht, dass ich dort alleine gefangen bin. **Mads, hast du Angst, zum Täter zu werden?**

MADS · Moment, lieber Steffen, darüber müssen wir noch mal reden. Da beschwörst du mich ganz beiläufig zum Leidensgenossen in eurem double bind of hell: Breivik, Amri,

Greiner, Pankow. Ich habe ja was übrig für die Dramatik deiner Vergleiche, aber ehrlich jetzt: Habe ich Angst davor, eines Tages die Kontrolle zu verlieren und Amok zu laufen? Hm.

Ich nehme an, du hast Gründe, ausgerechnet mich das zu fragen. Und immerhin: Ich verstehe das mit der gestörten Persönlichkeitsentfaltung schon, dass man durch Gewalt die eigene Identität zusammenhält oder überhaupt herstellt. Gewalt grenzt ein und ab. Und natürlich: Schon die Existenz des Anderen reicht ja häufig, um das Selbstbild ins Wanken zu bringen. Freie, glückliche Menschen zum Beispiel, auf dem Weihnachtsmarkt: Klar, dass man da als Frusti reinfahren muss. Die müssen einen Pakt mit dem Teufel haben, wenn es denen besser geht als mir, dem Frommen. Weg damit!

Und dann gehören da noch banalere Dinge zur Erotik der Gewalt: Aufmerksamkeit ganz vorn, damit man sich mal wie jemand anfühlt, obwohl man niemand ist. So wie Breivik im Gericht geweint hat, vor Rührung, dass er jetzt auch mal im Mittelpunkt steht. Hatte der vorher nie, der scheiß Versager. Aber das habe ich ja alles, die Anerkennung, die Aufmerksamkeit, und mir vorzustellen, wie es ohne wäre, ist irgendwie müßig. Ich bemühe mich, aber ehrlich gesagt, es geht nicht. So zu tun, ist ja auch übergriffig. I checked this privilege.

Aber das führt mich wieder zu deiner Frage, ganz wörtlich: »Mads, hast du Angst, zum Täter zu werden?« Hell yes. Diese Angst kenne ich. Das habe ich ja gelernt, dass ich als upper middle class, white privileged cis-male auf jeden Fall Täter bin. Und ich will hier nicht lamentieren: Ich glaube das, ich weiß das und die Strukturen, in denen sich meine

Täterschaft kanalisiert, durchziehen die Gesellschaft so feingliedrig und weitreichend, dass ich meine Opfer nicht mal kenne. Wer weiß schon, wem ich den Job geklaut habe, nur weil ich ein Mann bin und wessen Stimme ich unterdrückt habe, nur weil man einem Weißen lieber zuhört? Oder ich kenne meine Opfer und weiß nicht einmal, was ich ihnen angetan habe, gerade antue oder noch antun werde. Wahrscheinlich wissen sie es selbst nicht, was nichts daran ändert, dass es geschieht.

Was ich weiß, ist, dass Menschen unter mir gelitten haben. Ich erinnere mich an meine Schulzeit, an unsere Klasse: Wir ergänzten uns gut, das war nur nicht gut für uns. Dass es für alle zum Geburtstag Glückwunschschläge gab, verstanden wir noch als Zuneigung, der Rest war Mobbing. Es ging nicht um Fishbone und Fubu. Wir waren die mathematisch-naturwissenschaftliche Profilklasse, Kleidung hatten wir nicht verstanden. Wir hätten auch Jutesäcke getragen, hätten unsere Eltern uns gelassen. Aber Kinder sind findig. Es gab genügend andere Schwächen, man kannte sich zu lange, wartete nur auf den richtigen Moment. Wir durften keine Angriffsfläche bieten, mussten irgendwie immer schräg zueinander stehen.

Ich meine das wörtlich: Meine Klassenkameraden warfen häufig Kleingeld nach meiner Stirn, sie war ihnen irgendwie zu groß. Da kann man mitlachen, ein paar Mal, sich aufrichten, drüberstehen. Aber das hält natürlich keiner durch, nicht in einer Lebensphase, die von weichen Knien und gebrauchten Indie-Hooks zusammengehalten wird. Uns blieb nur die Flucht nach vorn: lieber du als ich, schneller sein, genauer – fieser. So haben wir alle mal ausgeteilt und abbekommen. Aber bei manchen verschob sich das Gleichgewicht ungünstig. Ich weiß nicht, ob ich mehr ausgeteilt habe, auf jeden Fall habe ich nicht mehr eingesteckt.

Statt einen Ausflug zu machen, blieben wir beim Wandertag in der Schule und sollten an unserem Klassenzusammenhalt arbeiten. Leider hatten wir das zu spät verstanden, erst nachdem wir uns gegenseitig von der »schmelzenden Eisscholle« aus Tapetenrollen geschubst hatten und nur noch einer übrig war. Der letzte Mann stand, da hatte die Scholle noch gar nicht angefangen zu schmelzen. Statt uns um die Rettung der Klassenkamerad*innen zu bemühen, feierten wir den einsamen Sieger. Ich war es nicht, aber ich johlte doch auch.

Ich muss immer noch schmunzeln. Auch wenn ich längst weiß, dass es nicht lustig war, nicht für alle. *Herr der Fliegen* ist komisch, aber keine Komödie. Und dennoch: Ich fühle mich schuldig, aber ich fühle mich nicht als Täter.

Andererseits: lieber Täter als Opfer. So funktioniert doch das ganze Ghetto-Game: lieber klatschen als geklatscht werden. Wenn schon Gosse, dann wenigstens oben schwimmen. Und eigentlich sind ja auch dort die Täter nur Opfer, Opfer der Umstände. Täter sind eigentlich immer schon entschuldigt. Jede Tat braucht eine Genese, eine Rechtfertigung, man hatte es halt schwer, es blieb keine Wahl.

Vielleicht geht es da eher um die Entschuldigenden als die Entschuldigten: Die Vorstellung, dass Menschen, wir selbst gar, absichtlich grausam sind, ertragen wir nicht, deshalb objektivieren wir, entheben die Täter*innen ihrer Verantwortung, machen sie zum willenlosen Produkt ihrer »Strukturen«. Wir banalisieren das Böse. Aber weder war unsere Klasse Gosse, noch schwammen wir oben. Unsere Bedingungen entschuldigten nichts.

Es wäre halt alles gar nicht nötig gewesen. Wir hätten P. nicht für seinen dreckigen Sitzplatz anschwärzen müssen, nachdem er aus dem Haufen von Müll kaum mehr herausgucken konnte, mit dem wir ihn über Wochen und Monate beworfen hatten. Wir hätten B. auf der Klassenfahrt nach Paderborn – the dangers of boredom – nicht an einen Stuhl fesseln, knebeln und ihm die Haare färben müssen, schon gar nicht vor laufender Kamera. Wir hätten keine Fortsetzungsgeschichten über die evolutionäre Genese von S. Körperbehaarung schreiben müssen. Nein, das hätte man sich auch sparen können, erst recht wäre es nicht nötig gewesen, sich vor die Klasse zu stellen und diese Schriftstücke laut zu verlesen. Mikroaggressionen wären uns zu subtil gewesen, wir waren makroaggressiv.

Und dennoch, warum hält sich meine Scham in Grenzen? Ich war Mittäter, wenigstens Dulder, manchmal gar Anstifter. Aber das stellt man sich vielleicht falsch vor: Täter fühlen sich nicht böse. So wie wir alle uns nicht böse fühlen. Dabei ertrinken täglich Menschen im Mittelmeer und verhungern andere im Sahel: Fahrlässige Tötung, unterlassene Hilfeleistung, eventuell sogar Totschlag – der Gesetzestext matcht. Wir wissen schon: Das ist unsere Schuld, aber fühlt es sich auch so an? Offensichtlich nicht, sonst stünden wir alle am Strand von Lesbos und würden Menschen aus ihren Booten helfen.

Aber vielleicht ist das auch nur wieder das weiße männliche Täter-Narrativ. »Wer die Schuld hat, hat die Macht«, und da toleriert man schon ein paar Gewissensbisse, solange man weiterhin das Gefühl hat, in charge zu sein. Ist doch klar, dass außer mir niemand verantwortlich ist für die Ertrinkenden und Verhungernden: kein Assad und kein

Warlord. Just me. So kann man auch Demut zur Machtgeste machen.

Vielleicht fühle ich mich deshalb nicht als Täter. Der Begriff selbst entmündigt schon, rechtfertigt. Und auf der anderen Seite bemächtigt er, überhebt sich. Ich will beides nicht. Ich will nicht entschuldigt werden und ich will nicht entschuldigen. Ich will einfach sagen: Es war nicht in Ordnung.

STEFFEN • Mads, ich mag den Gedanken, den du hast, da am Ende. Ich sollte von dir lernen, tatsächlich. In ganz echt habe ich den theoretischen Abstand nicht, den meine Worte vortäuschen, und in ganz echt fällt es mir schwer, mich in deinen Bildern von Täterschaft zu finden. Ich weiß, es wirkt wie eine Pose, ich klopfe mir auf die Brust und bestehe darauf, jetzt unbedingt, bitte sehr, wirklich die Sünd' der Welt zu tragen, aber es ist eher die intuitive Irritation, dass da Potenzial ist, zum Täter zu werden, als das Gefühl, heute mitschuldig zu sein. Dabei weiß ich natürlich, dass ich längst Täter bin, durch Schweigen, durch Sein. Check, fuck, klar.

Als Kind las ich gerne *Asterix*. Jeden Morgen vor der Grundschule beim Frühstück die damals 28 Bände bis *Asterix im Morgenland*, immer wieder. Und wenn meine Eltern mich abholten, nach der Schule, begrüßte ich sie auf dem Schulparkplatz mit jenem »Ave Cäsar«, mit dem trottelige Legionäre und intrigante Senatoren den verzweifelten Erz-Antihelden Julius Cäsar empfingen, mit einem bis kurz über die Senkrechte vorgestreckten rechten Arm. Man muss es meinen Eltern lassen: Anders als ihre ziemlich hilflose Sex-Aufklärung ein paar Jahre später, wo ich zwar ein Kondom zu sehen bekam, aber nicht verstand, was das mit diesem »Ficken« zu tun hat, von dem Claudia auf dem Schulweg erzählt hat, machten sie ihre Sache bei der Aufklärung darüber, was diese Geste bedeutet, sehr gut.

Ich sah Bilder von Massen von Kindern, die genauso wie ich den Arm ausstreckten, und ich sah die Fotos in dem Buch über diesen Krieg, der ja auch nur genauso hieß, damals: der Krieg. Und mein Vater erzählte, dass nach rechts ausgestreckte Arme bedeuten, dass man das gut findet, den Krieg und die unheimlichen Massen. Und ich, der Sechsjährige, sah nur mich, mit ausgestrecktem Arm, mittendrin. Ich wusste, wie sich diese ausgestreckten Arme anfühlen. Wie es sich anfühlt, totgeschossen zu werden, das wusste ich nicht. Ich habe mich geschämt und nie wieder zur Begrüßung den Arm gestreckt, aber auch verstanden, dass der Faschismus eine Teilfunktion meines Körpers ist, egal, wie ich politisch denke. Mich dann von der Position aus überlegen zu fühlen, fällt mir schwer.

Ich glaube nicht, dass es gut ist, Konflikte mit körperlicher Gewalt zu regeln. Aber ich glaube andererseits auch nicht, dass die Unterschiede zu den Formen, Konflikte zu regeln, die wir uns angeeignet haben, wirklich groß sind, zum Reden und Argumentieren. Grammatik des Worts, Grammatik der Tat, geil wäre halt was, wo wir keine dummen Konflikte klären müssten, ohne, dass das hieße, dass sie heruntergeschluckt und woanders unangemessen wieder hervorgewürgt werden müssten.

Immerhin erlaubt *unsere* Variante Lösungen ohne Machtdemonstrationen. Stattdessen: Konsens, Vermittlung, wo das Zuschlagen vermeintlich nur Gewinner*innen und Verlierer*innen kennt. Unmittelbar zumindest. Das will ich uns zugestehen. Auch: mir zugestehen. Denn natürlich höre ich mich schon, da hat Mads schon recht, mir wieder was einflüstern, ein wenig zwanghaft, ein wenig autoaggressiv auch. Nämlich: Wie Männer ja genau das nicht kennen, nicht verstehen, Konsens und Ausgleich wirklich als etwas Positives zu erleben. Das gilt vielleicht noch mehr für Menschen wie mich, die gemerkt haben, dass Konsensbereitschaft und Dialogfähigkeit letztlich auch Wege sind, nur auf einem sozial akzeptierten Weg Dominanz herzustellen.

Gewalt ist nicht nur, wie deine Frage ja auch impliziert, ein Phänomen der sogenannten »bildungsfernen Schichten«, sondern tatsächlich ein klassenloses. Wie schon Die Ärzte feststellten im Song *Helmut K.*, lange verboten gemeinsam mit dem Album *Ab 18* von 1988: Auch Helmut Kohl schlug seine Frau, und kaum jemand, der in der BRD der ausgehenden Bonner Republik aufgewachsen ist, wird behaupten, dass die Erkenntnis, dass der Bundeskanzler tatsächlich seine Frau schlage, wirklich entrüstet hätte. Natürlich wird Helmut Kohl seine Frau geschlagen haben. Ich vertraue den Die Ärzte immer noch mehr als der CDU. Vor allem vertraue ich aber Statistiken. Sorry, Helmut. Tiefes Mitgefühl, Hannelore.

Fabian, vielleicht weißt du ja mehr, du bist näher dran, soweit ich weiß, ihr wart ja Pfälzer Landsleute, der Dicke und du. Aber natürlich interessiert mich mehr – denn auch die Vermutung, dass Männer, die schlagen, selbstredend konservative Patriarchen sind, Burschenschaftler, Bauern und Bausparvertragler, ist schließlich eine Projektion, in der wir linken Dudes es uns bis etwa #metoo gemütlich einrichten konnten – **Fabian, hast du jemals eine*n Partner*in körperlich bedroht?**

FABIAN • Steffen, weder habe ich eine Partnerin körperlich oder sonst wie bedroht, noch wurde ich bedroht. Ich wuchs aber auf mit Erzählungen von Gewalt in der Ehe. Immer wieder schimmerten sie mal durch, Wissen aus zweiter Hand. Es ist so Klischee, aber Sonnenbrillen mussten da schon mal blaue Augen verstecken. Fäuste ins Gesicht, Tritte, Morddrohungen. Suff, Kneipe, Eskalation.

Dieser tiefe und brutale Zorn hat in meiner Erinnerung ein Gesicht, oder besser: einen Gesichtsausdruck. Die ganze Galligkeit eines Menschen versammelt in Augäpfeln, die hervorzutreten scheinen, ein steifer, aufgerissener Blick, eben noch fast spielerische Provokation, die in die bierschwere Lust der Kneipenschlägerei kippt und daheim verlängert werden muss. Ein giftzwergiges Gesicht, das über einer ständig vorhandenen Kerngemeinheit liegt, darunter wahrscheinlich weggeschobene Gefühle, Frustrationen und Bitterkeit.

Von wegen Helmut Kohl, wir Pfälzer*innen sind gesellige, aufgeschlossene Menschen, die gern ins Gespräch kommen. Man setzt sich bei Fremden an den Tisch, man trinkt einen Schoppen zusammen. Unweigerlich hat sich bei mir neben dieser Offenherzigkeit Fremden gegenüber auch wegen dieser Geschichten der Eindruck eingeschlichen, dass die schlechten, falschen und menschenverachtenden Gefühle dann woanders rauskommen, zu Hause zum Beispiel. Eine Zeit lang habe ich in jedem leicht rötlichen, freundlichen weinschorleangesoffenen Männergesicht, das grinsend die fremde Tourist*innengruppe an den Tisch auf dem Weinfest einlädt, irgendeinen Abgrund gesehen, auch diese Fratze, die daheim dann austeilt.

Vielleicht war ich für diese Story aber auch als Teenager

empfänglich, weil sie als gory Variante für die Abgrenzung zur eigenen Herkunft ganz gut hergehalten hat. Häusliche Gewalt passte für mich gut ins Bild der Provinz, von der ich mich innerlich abgrenzen wollte. Natürlich habe ich mir da auch etwas hinkonstruiert und diese Nähe zur häuslichen Gewalt, Steffen, die ist bei mir heute in Berlin so dick wie ein paar Backsteine. Immer wieder gibt es Streit im Nachbarhaus oder unten bei uns. »Kurva« höre ich dann oft, polnisch für Hure bzw. alles mögliche, was schlecht ist. Mann und Frau schreien, Möbel scheppern und ich weiß dann nicht, ob ich die Polizei rufen soll.

Die Nachbarin grüßt auch immer und wirkt eigentlich ganz zufrieden. Samstagnachmittags flog mal ein Flachbildfernseher aus dem Fenster auf den Rasen hinter dem Haus. Vielleicht hat das meine Vorstellung bestärkt oder mich beruhigt, dass hier nur Einrichtungsgegenstände leiden müssen. Aber die Lautstärke, die Vorstellung, dass jeder Konflikt mit verbaler Gewalt ausgetragen wird, macht mich fertig.

»Jeden Monat töten zwölf Männer ihre Partnerin«, hieß es im November 2018 beim ZDF zur Statistik über Partnerschaftsgewalt des BKA, anders beim *Tagesspiegel*: »An jedem dritten Tag wird eine Frau von ihrem Mann, Freund oder Ex-Mann umgebracht.« Alle fünf Minuten wird, laut *Spiegel Online*, in Deutschland eine Frau »misshandelt, gestalked oder bedroht«. 140 000 Fälle wurden gemeldet, 80 Prozent fänden im Dunkelfeld statt, hieß es. Natürlich erklärt das diese Wut nicht, diese unterdrückten Gefühle, die Bitterkeit und Frustration, die scheinbare Ausweglosigkeit aus Lebenssituationen und Partnerschaften.

Ich kann mir das vorstellen: Die Augen treten aus einem zornverzerrten Gesicht hervor, die Wut quillt über in ein tiefes und dichtes Schwarz, das alles aufsaugt. **Mads, guckst du auch manchmal so? So kenne ich dich gar nicht. Was bringt dich eigentlich so richtig auf die Palme?**

MADS • Ich kenne mein Gesicht ja nicht so gut, Fabian. Das ist überhaupt das Komische, dass man seine eigene Mimik gar nicht sieht. Wer zückt schon im Streit den Taschenspiegel? Wenn ich mich auf Video sehe, erschrecke ich mich immer und frage mich, warum ihr mit dieser Fresse überhaupt redet. Ich weiß also nicht, ob ich manchmal so gucke. Das passt nicht recht in mein Selbstbild, so wenig, wie Videos von mir.

Ich bin nicht oft wütend. Das ist nicht meine Art mit Frust, mit dem Widerspruch zwischen Wunsch und Wirklichkeit umzugehen. Den Widerspruch selbst kenne ich aber gut. Eigentlich bin ich immer unzufrieden. Nichts ist so, wie ich es gern hätte. Unzufrieden mit den Dingen, mit mir selbst, mit meinen Mitmenschen. Falls sich jemand angesprochen fühlen sollte, dann sicher zu Recht. Ausnahmen kennt mein Unmut eigentlich keine.

Aber ich sublimiere den Unmut in Genervtheit. Meine erste Falte habe ich vor einigen Wochen entdeckt, über der Nase, senkrecht zwischen meinen Augenbrauen. Die gleiche Falte war auch die erste meines Vaters, er hatte allerdings direkt zwei davon.

Und weil ich mich noch an die ersten Falten meines Vaters erinnere, erinnere ich mich natürlich auch, was für ein ätzender Gestus das ist, Genervtheit. Sein verzögerter Augenaufschlag, dieser Reflex im Kiefermuskel, die kurze Pause vor dem Ausatmen und klar ist auch, wer schuld ist, dass die Zahnbürste nicht eingepackt wurde und wegen wem man jetzt nicht los kann in den Urlaub. Dabei ist die Reise in den Urlaub ja schon eine Zumutung, ja Urlaub selbst. Habe ich alles geerbt, furchtbar.

Ich glaube, der Unterschied ist: Wut drückt sich nach außen, muss immer eine Aktion finden, Bewegung, Worte, Gewalt. Genervtheit kehrt sich nach innen, verdichtet sich, implodiert und dringt nur durch ein dumpfes, unentrinnliches Dröhnen in die Welt. Sie entfaltet ein Regime des Vorwurfs, das sich selbst nichts vorwerfen lassen will. »Mit mir ist nichts! Was soll sein? Ich weiß nicht, was du meinst.« Sie ist das letzte bisschen Emotion, das sich ein Stoiker gönnt, der eigentlich zu aufbrausend für seine Philosophie ist. Genervtheit ist eigentlich immer schon ein Scheitern an sich selbst.

Ich scheitere. Natürlich gibt es Dinge, die mich wütend machen: Gewalt, Egoismus, Dummheit. Das sind so absolute Größen. Ich entkomme ihnen nicht, die Wut darüber lässt sich nicht verbergen: Warum muss ich eine Welt mit all den Arschlöchern teilen? Mit den Kriegstreibern und Kindermördern, mit den Totalitären und den Taschendieben, den Steuerhinterziehern und Sozialbetrügern – mit all dieser scheiß Selbstsucht. Ich habe doch nur dieses eine Leben und ich kann es so gut und gewissenhaft gestalten, wie ich will. Mit dieser Menschheit ist ein Paradies nicht zu machen.

Ich kenne keine Wut gegen die »Verhältnisse«, nur gegen die Unzulänglichkeit der Menschen. Es ist keine rasende Wut, sondern eine drückende, mit schwerem Hals und heißem Atem. Meintest du das, war so das Gesicht, das du beschrieben hast, Fabian? Vielleicht muss ich doch mal in den Spiegel schauen. Aber ich mag schon die Falte nicht sehen.

Was siehst du, wenn du in den Spiegel schaust, Jenny?

JENNIFER • Es gibt ein Lied von Toro Y Moi und das geht so: »I think I'll die before I'm done.« Ich bin sicher, es wurde vor dem Spiegel geschrieben. Fängt morgens an, hört niemals auf, oder geht es dir anders, Mads, mit der Suche nach dir selbst? Identität ist vorbei nach dem ersten Mal »Da, da!« und Fettfingern an der Scheibe. Wie denn auch fertig werden, wenn jeder Moment fortan immer beides gleichzeitig ist: Ich bin jemand und ich möchte jemand sein. Seitdem bin ich nur noch am Wollen, am Werden. Ich brauche Hilfe und bekomme den »Bearbeiten«-Button.

Jetzt prangt sie da eben in der Wangenknochenschmeichelerperspektive: Meine Fresse all over im digitalen Spiegelkabinett. Ich bin ja so mündig. Und immerzu glotze ich mich an in der Hoffnung, dass irgendwer zurückglotzt und ein Däumchen hebt für das, was von mir übrig bleibt nach Filter »Vintage«, »Rainbow«, »Frühling, Sommer, Herbst, aber eigentlich immer Winter«. Hätte ja sonst auch Pippi Langstrumpf nehmen können (hat auch rote Haare) oder ein Lama (hat auch nichts mit mir zu tun), irgendwas ironisch Distanziertes eben, oder irgendwas, das einfach ironiefrei schreit: Du bist okay, hopsasa, hast eben Draht in den Zöpfen und kannst Pferde heben. Das Gegenteil von dem jedenfalls, was mich angafft, sobald ich ein Badezimmer betrete.

Stattdessen stelle ich die sichtbar wachsenden Zweifel aus, bis Zweifel gar kein Ausdruck mehr sind, und nur noch die Verzweiflung bleibt. Was bitte soll ich damit anfangen? Früher habe ich so lange an einer Antwort herumgezupft bis mein Rasierer meinte: Hättest auch gleich mich nehmen können. Heute change ich mein LinkedIn-PB und warte auf Jobangebote, die mir versichern, dass meine Augenbrauen ganz in Ordnung nachgewachsen sind. Mein Selbstbewusstsein ist es nicht. Das jedenfalls ist die einzige Erkenntnis, die mir der Blick in den Spiegel die längste Zeit gebracht hat. Und wenn ich nun über Wut rede, dearest Mads, dann rede ich nicht von Highbrow-Genervtheit, von kurz radikal den Kopf schütteln und dann ein bisschen Schaumbad mit Self-Care verwechseln, sondern über das, was macht, dass Menschen kaputtgehen und kaputt bleiben. Von Schneewittchen eben, Vergiftung im ganz großen Stil.

Ich habe es in meiner Kreolenphase bemerkt, vor dem Holzspiegel in Nilpferdchenform, der so hoch hing, dass ich mich auf einen Tritt stellen musste. Jetzt trage ich den Zopf schräg, damit die herabplumpsenden Locken das Trauma unter sich begraben. Deswegen weißt du nichts davon, Mads, aber meine Ohren stehen unterschiedlich ab. Dass mein Kinn schief ist, wird dir hingegen aufgefallen sein. Aber du bist höflich, deshalb hast du nichts gesagt. Von meinen Brüsten fange ich hier gar nicht erst an, okay ganz kurz, weil verkauft ja. Es gab einen Test in der Schule: Stift drunter und schauen, was passiert. Was mit dem Stift passiert ist, verrate ich jetzt echt nicht, aber dass danach etwas mit mir passiert ist schon. Später gab es Brokkoli-Nudel-Auflauf von Bofrost und dann einen Spruch, der noch unverdauter blieb: »Nüscht gegen Beene, aber Granaten gehören an de Front.« Weil ich nicht weinen konnte, habe ich gelacht.

Im Kinderzimmer die Treppe rauf, der Duft geschmolzenen Reibegoudas und eine Panoramaspiegeltür am Massivholzkleiderschrank von Möbelum, die auch gern und viel mit mir sprach, aber immer nur ein Wort: Reibegoudaschenkel. Ihr und Brigitte habe ich zwei Einsen in Ethik und Biologie zu verdanken. Für eine Facharbeit über Dysmorphophobie. Es ging um Schönheits-OPs und Körperschemastörung und viele Dinge, die keine*r haben möchte, wie einen kleinen Huckel auf der Nase, der zu einem gigantischen Zinken heranwuchert. Aber eigentlich ging es nur um mich. Ich kann verstehen, dass niemand das bemerkt hat, denn 29 andere Jugendliche auf der Suche nach sich selbst in zu hoch hängenden Nilpferdspiegeln wollten ja auch bewertet, äh, gesehen werden.

Was wolltest du gleich wissen, Mads? Ach ja, das Sichtbare.

Gerade, in einem Tab dieses Spiegels hier, sehe ich Sprinterinnen aus der Froschperspektive, die bestimmt total dafür waren, dass Kameras in den Startblöcken installiert werden, die sie bei der WM von ihrer besten Seite zeigen – in Katar. Aber wahrscheinlich ist das nicht ganz, was du meinst, also lass mich kurz den Klebestreifen von der Linse abziehen: Hallo, du. Ich sehe einen Menschen mit einem Kinn und zwei Ohren, der über einen Nasenring nachdenkt und sich dabei beobachtet, wie er den Gedanken gut findet. Mads, ich sehe jemanden, der aussieht wie ich und sich fragt, wie das sein kann. Weil er nicht mehr lacht, wenn ihm zum Heulen ist, sondern oft weint vor Wut, und froh ist, dass mittlerweile beides da sein darf, aber trotzdem nicht aufhören will, daran zu glauben, dass er damit fertig wird, bevor er stirbt. **Mit wem willst du denn noch abrechnen, bevor du gehst, Steffen?**

STEFFEN • Okay, liebe Jenny. Du hast mir diese Frage gestellt, ich werde sie beantworten, aber egal, wie ich es wende, diesmal bin ich einfach nicht der Gute. Die einzige Antwort, die ich dir ehrlich geben kann, ist die eines kartoffeligen Rando-Dudes, dessen narzisstischer Stolz gekränkt ist.

Deine Frage heißt: Mit wem willst du noch abrechnen, bevor du gehst, und meine Antwort heißt: Das Magazin, liebe Jenny, für das du fünf Jahre gearbeitet hast: *Spex – Magazin für Popkultur*.

Ich bin mir nicht mehr sicher, welche Ausgabe meine erste war, die mit dem Schäferhund und gegen Deutschland oder die mit dem gerade verstorbenen John Peel vorne drauf, es war im Herbst 2004. Kurz zuvor, noch während ich für das Abitur lernte, habe ich angefangen, über Musik zu schreiben, für einen längst verschwundenen Blog, echoes-online.de. Über Musik, die ich auch erst ein paar Monate zuvor kennengelernt hatte, so wenig musikaffin wie meine Jugend war.

Ich las, neu euphorisiert von dieser Welt, das schlimme Prog-Rock- und Psychedelic-Blatt *Eclipsed* und den *Musikexpress*, die *Intro* und bald eben *Spex*, alle parallel, manchmal den *Rolling Stone*, manchmal sogar die *Visions*, meistens abhängig davon, was die beigelegte CD versprach. Ich nahm auf, was ich aufnehmen konnte, ich machte Hamsterkäufe im einzigen Plattenladen der Stadt, ich war jung und hilflos und hörte affektierte junge Männer, die ihren Frust in Kraft verwandelten, kein Punk, aber Art-School-Scheiß und Weird-Folk.

Meine Art, Musik zu hören, kam nie ohne Diskurs aus. Ich habe nicht Musik gehört und dann darüber gelesen – ich habe mir mein Musikwissen angelesen und es erst dann nach und nach konsumiert. Musik ist bis heute für mich ohne Text nicht denkbar. Wie Musik klingt, interessiert mich eigentlich nicht. Selbst die Alben meiner Lieblingsbands muss ich nicht hören, ich will nur wissen, wie man darüber schreiben kann.

Es hätte immer nahe gelegen, dass die *Spex* als Zentralorgan der gesellschaftsanalytischen und ästhetischen Metaebene recht natürlich mein Magazin geworden wäre, als Lesender. Wurde sie aber nicht. Vielleicht, weil ihre Kölner Spätphase, während der ich einstieg, nicht die beste war. Ein Herzensblatt war sie nie. Es war mehr die pure Faszination ihrer Macht, die mich angezogen hat, ihr aus den Achtzigern herüberechoender Ruf, mit dem Blut der Gegenwart straight in die Ewigkeit hineingeschrieben zu werden, in der immer alles klingen würde wie eine Mischung aus Future R&B, The Soul Messengers und Studio 54.

Wir wissen, liebe Jenny, beide, dass das Quatsch ist, Gott sei dank ja auch. Aber das war für mich immer die Fallhöhe, wenn es um die *Spex* ging und das ganze Jahrzehnt lang, in dem ich versucht habe, *Spex*-Autor zu werden: Ewigkeit gegen Vergessen, Erlösung versus Scheitern. Meine erste Praktikumsbewerbung habe ich 2006 noch nach Köln geschickt, Markus Hablizel hat sie damals abgelehnt, ziemlich von oben herab (»Du wurdest deutlich überrundet« oder sowas) und absolut gerechtfertigt. Es sollten noch viele weitere Bewerbungen von mir kommen, oft im halbjährlichen Takt. Und ebenso viele Ablehnungen.

Wann die letzte Bewerbung war, weiß ich nicht mehr, ich weiß nicht, ob es auf deine Redaktionsstelle war oder die davor, nachdem ich keine Praktika mehr machen konnte. Darin schrieb ich eigentlich ganz gelungen und dann doch passiv-aggressiv, der Menderes Bağcı der Poptheorie zu sein, jener Typ, der einfach nicht singen kann und doch immer wieder zu Dieter Bohlens *DSDS* ging, um auf die Fresse zu kriegen. Dieter Bohlen hatte irgendwann Mitleid. Jacqueline Krause-Blouin nicht.

Irgendwann konnte ich es dann nicht mehr nachvollziehen. Also, versteh mich nicht falsch, ich wäre null in der Lage einen Redaktionsjob wie deinen zu machen, alles im Blick zu haben und das in guter Ordnung und Organisation. Ich bin, after all, vor allem Autor und meinetwegen jemand, der die Linien querdenken kann, und erst sekundär wirklich Redakteur. In deinem Job wäre ich ein Desaster. Aber fuck, ein Praktikum? Ich hätte es immer verstanden, gäbe es den deutlich artikulierten politischen Versuch, mehr Frauen oder PoC in den Popjournalismus zu holen, aber von meiner ersten bis zu meiner letzten Bewerbung und noch lange danach sind so viele – und durchaus auch genug mediokre – junge weiße Dudes durch euren komischen Durchlauferhitzer gegangen, dass ich das Argument nicht sonderlich glaubwürdig fände. Und ehrlich gesagt, auch wirklich genug mediokre weiße Dudes, die anders als ich nicht in der Lage wären, aus random zusammengestelltem Mainstream-Pop in einer Stunde irgendeine abgedrehte Gegenwartsanalyse zu machen, was viele dieser Texte in diesem Blatt auch einfach radikal unsexy gemacht hat.

Nein, es gab keinen Grund dafür, der sich mir aufdrängen würde. Ich wurde besser, in dem, was ich gemacht habe, ich unterrichtete an der Uni Poptheorie, drehte einen poptheoretischen Essayfilm, ich schrieb für alle möglichen Sachen Platten- und Filmreviews im Takt eines Manikers, ich schrieb eine Magisterarbeit zur »Reflexion von Subjekttheorien im Anschluss an die Postmoderne im Popdiskurs nach 2000« und konzipierte aus einer Kolumne in Warhols *Interview*-Magazin einen Band für den Merve Verlag, der bis heute nicht erschienen ist, weil irgendwelche Rechte fehlen.

Wenn ich es nachzuvollziehen versuche, lande ich dabei, mir zu denken, dass mein sektiererischer Achtziger-

Approach sich nicht mit der Blattlinie der *Spex* vertragen hätte. Aber so ganz geht das alles nicht auf. Ich kann also gar nicht anders, als es persönlich zu nehmen, als entweder einen Fehler von mir, offenkundig doch zu spackig rübergekommen zu sein oder eben als komischen, gemeinen Move dieses Magazins. Auf jeden Fall: ein Fehler.

Und da bin ich dann wieder in der Falle: Denn offenkundig habe ich auch in all den Jahren Reflexion über mich und meine Männlichkeit nicht gelernt, dass es da kein Recht auf etwas gibt, kein berechtigtes Einfordern. Sicher, ich hätte, subjektiv aus meiner Warte, bestens gepasst. Aber auch: Es wird Gründe gegeben haben, warum es nicht geklappt hat. Und genug gute sicher auch, siehe: Empowerment. Natürlich verstehe ich das, natürlich würde ich das unterschreiben. Besser angefühlt hat sich eure Ablehnung dadurch nicht. Mein Frust ist purer Narzissmus, und ich schaffe und schaffe es nicht, ihn wegzudenken.

Wie absurd es überhaupt ist, dass das einzige, mit dem ich eine Rechnung offen habe, ein Magazin ist, das mir nie, zu keinem Zeitpunkt, irgendetwas schuldig war. In einer Gesellschaft, in der kaum eine Frau nicht täglich mit sexistischen Abwertungen zu kämpfen hat, ist das meine am tiefsten sitzende Nadel. Nichts sagt »entitled« deutlicher als dieser Affekt. Der dennoch eben mein Affekt ist und zu dem ich hier vermutlich irgendwie stehen muss, anstatt ihn politisch wegzurationalisieren.

Menderes wurde später übrigens Dschungelkönig und ich ja dann doch Popjournalist. Und sicher, es gab immer andere Identifikationsmodelle: Der Popdenker Martin Büsser, der 2010 starb, mit dem ich mir vorher noch einen Schreibtisch teilen konnte, bei einem Praktikum bei seinem Ventil Verlag in Mainz, war selbst so einer, der eigentlich zur *Spex* gehört hätte und dann immer haargenau woanders daran vorbeischrieb.

Nicht-*Spex*-Autor zu sein, wurde wichtiger Teil meiner Identität, weil ich sowieso doch von vielen, auch in unserer kleinen Szene, absurderweise als Spexianer eingeordnet wurde, und weil ich ja auch Texte woanders schreiben konnte, die bei euch vermutlich nicht mehr gelaufen wären, weil ihr, so aus meiner Außenperspektive betrachtet, in einem merkwürdigen Zwischenreich gefangen wart zwischen Abgrenzung von der Männer-Pop-Theorie-Generation vor euch und dem Sektiererischen einerseits, aber auch von den Mainstream-Verkaufsbedürfnissen andererseits. Ich habe eure letzten Jahre als Abonnent erlebt, der auf den Seiten des Magazins kaum noch Feuer fand, kein mutiges Voran in die Geilheit.

Ich schrieb also woanders und immer mehr, meistens waren Menschen mir gegenüber offen, eigentlich überall konnte ich mir eine gewisse Relevanz erspielen, auch bei früheren *Spex*-Menschen. Die *Intro*, wo ich angefangen habe, das Game ernst zu nehmen, etwa zu der Zeit, als ich meine Versuche bei euch eingestellt hatte, freute sich vermutlich über den einen Weirdo, der Joanna Newsom in Sonett-Form porträtiert oder einen Anohni-Text zum Exkurs über Barthes' »Körnung der Stimme« macht. Die *Intro* hatte ja auch, im Gegensatz zur *Spex*, immer Narrenfreiheit und wurde sowieso nicht ernst genommen. Da passten wir gut zusammen.

Trotzdem wurde mein Scheitern, auf euren Seiten zu landen, aber auch ein beständiger Stachel. Wann immer ich wieder bis über beide Ohren voll Frust über diesen anstrengenden, sauschlecht bezahlten Journaille-Job war, der unter unseren Tastaturen wegstirbt, wann immer mir jemand riet, etwas ganz anderes zu machen, war das immer mein letzter Gedanke: Ich höre mit diesem Scheiß nicht auf, bis ich einmal eine scheiß kleine Randnotiz in der *Spex* geschrieben habe, auch wenn ich dafür erst ein alter Feuilleton-Mann werden muss, wie ihn alle hassen, aber der dann doch überall über alles schreiben darf. Talking Männlichkeiten und Patriarchat! Das wird wirklich Citizen-Kane-y laufen, vermutlich werde ich auf meinem Sterbebett noch »Spex« flüstern. Und niemand wird mehr wissen, was damit gemeint ist.

Es hat natürlich geholfen, dich kennenzulernen, weil so das große Über-Ich-Ding, das ich mit der *Spex* am Laufen hatte, kaum aufrechtzuerhalten war. Aber auch, dass wir beide uns bei jeder *Epilog*-Ausgabe wegen irgendwelchen handwerklichen Fragestellungen in die Haare gekriegt haben. Und dennoch frage ich mich immer wieder, während ich diesen Text hier von Absatz zu Absatz improvisiere, inwiefern doch auch diese Streitigkeiten damit zusammenhängen, dass du *Spex*-Redakteurin warst, während ich es nicht einmal geschafft habe, dort einen Praktikumsplatz zu kriegen.

Natürlich gab es immer aus meinem Umfeld blankes Kopfschütteln, dass ich dich nicht einfach plain frage, ob ich für euch schreiben kann. Ich wollte es uns beiden ersparen. Dir die Absage und mir auch. Manchmal sind Züge einfach abgefahren. Trotzdem muss ich mich hier bei dir entschuldigen und im Rückblick noch einmal analysieren, inwiefern mein obskures, fast auf kindliche Art sakrales Verhältnis zur *Spex* unsere Zusammenarbeit in den letzten Jahren schwerer gemacht hat, als sie hätte sein müssen.

Und jetzt ist *Spex* weg. Vermutlich bin ich der einzige Mensch, dem es damit besser geht. Tatsächlich fühlt sich euer Ende an, als wäre ein dunkler Fluch von mir genommen. Ich wusste schon eine Weile, dass ihr verschwindet, und ich musste mich dazu positionieren, ohne darüber reden zu können. Wie wäre es gewesen, diabolisch am Ende der zu sein, der die Bombe platzen lässt? Der Whistleblower, der, mit zu vielen Insider-Infos ausgestattet, gemütlich eine Story verkauft? Ich war kurz davor. Ich mag runde Narrative. Und ich habe, wie ja schon öfter hier durchschien, einen sehr ekligen, tief vergrabenen Hang zu Einsamer-Kämpfer-Motiven.

Letztendlich breakte die Story, dass es die *Spex* nicht mehr geben würde, ein paar Stunden, bevor ich meine erste Seminarsitzung an meiner alten Uni halten würde – die andere Institution, die mich jahrelang abgelehnt hat, in die ich mich jahrelang verbissen habe, an der ich in meinen immer wieder krachend gescheiterten Bewerbungen auf Promotionsstellen und Lehraufträge meine Identität als Kern-Loser, die ich mir nun auch in hundert Jahren nicht mehr werde austreiben können, habe schulen können. Aber wenn diese ablehnende Uni eine Alma Mater ist, eine gütige Mutter, was war mir dann die *Spex*? Mein Seminar an diesem Tag entpuppte sich übrigens als nur halb so geil, wie ich dachte, vermutlich war es mir längst genauso egal, wie mir mein zweiter *Spex*-Text schon egal gewesen wäre.

Jetzt ist die Situation so – na, ich suche noch nach einer guten Metapher mit Super Mario, König Koopa und der verschwundenen Prinzessin Peach, weil ich darauf hinaus will, dass es ohne die *Spex* als identitätsprägende Folie für mich keinen großen Grund gibt, mich über das notwendige Geldverdienen hinaus weiter im Musikjournalismus zu bewegen. Da gibt es nichts mehr zu erringen. Ich muss nicht mehr, das ist zumindest seit ein paar Monaten mein Feeling, auf einer Mauer geradeaus laufen und in Gullis springen. Ich kann auch nach vorne und hinten im Raum gehen, und ich habe unendlich Zeit. Wirklich, es befreit mich.

Hui. Okay. Jenny, ich hoffe, du weißt, wie wir zueinander stehen, und dass ich es schlimm fände, wenn sich das ändert, weil ich dir diese Antwort geben musste. Und ich hoffe, dass du weißt, dass ich, auch wenn ich hier rumzetere, nichts als große Zuneigung und größten Respekt für dich und die Arbeit empfinde, die du gemacht hast, dort und jetzt bei *Missy*, für deine Kämpfe im und gegen das System, auf dem ich dachte, mich ausruhen zu können. Und für deine Brillanz als Blattmacherin, die ich bei der *Epilog* erlebe, auch wenn ich mich immer wieder beschweren werde, dass mir irgendwelche Titel zu banal sind. Auch diesen Text würde es nicht geben, wenn du nicht dort im Zweifel das Ruder fest in der Hand hättest.

Ich tu mich schwer mit einer Frage. **Eigentlich glaube ich, dass du darauf irgendwas antworten solltest, wenn auch nur, um zu hören, dass alles okay ist. Vielleicht magst du, Jenny.**

JENNIFER • Heavy breathing, zwei Dinge dazu, Steffen, jetzt, wo wir beide wieder auf Normalpuls sind:

Wir haben, Punkt eins, bis hierhin vier Magazine, ein Beinahe-Buch und Bono weiß, wie viele Facebook-Chats zusammen vollgeschrieben und nun das. Die Sache ist ja nicht deine Obsession, sind nicht die zwanzigtausend Zeichen, die in derselben Manie und Ernsthaftigkeit auch von Entlaufene-Katzen-Gesuchen an Neuköllner Laubbaumstämmen handeln könnten oder von Schuhmarken in Neo-Rauch-Gemälden. Die Sache ist, dass du mich (und Menschen, die ich mag und schätze) dafür instrumentalisierst. Vielleicht wäre sogar das okay. Was sich für mich aber ganz und gar nicht okay anfühlt, ist, dass die Karten unfair verteilt sind. Weil du es vielleicht mit Grenzwert-Puls tust, aber, das meine ich zu wissen, auf jeden Fall in vollem Bewusstsein. Und das ist übergriffig, das ist, was mich überfordert an dieser Stelle, hier kommen wir nicht zusammen.

Du weißt, was du tust, ich wusste nicht mal, dass ich irgendetwas getan habe. Und frage mich nun genauso ernsthaft: Wie konnte ich davon nichts mitbekommen? Bin ich ein schlechter Mensch? Oder bist du ein guter Faker? Jetzt, da du mich in aller Referenzdichte und Wortgewalt darüber informiert und niedergestreckt hast, weiß ich nicht, was damit anfangen, wie und wohin mich überhaupt bewegen. Ekliges Gefühl. So nicht, Steffen! Denn, was ich durchaus genau weiß, ist, dass ich dich ernst nehmen möchte, wenn du ernst meinst, was du hier schreibst. Also lass mich aufstehen und wir sprechen draußen darüber, auf Augenhöhe und tanzen geilstenfalls gemeinsam auf den Scherben.

Aber eben auch, Punkt zwei, und jetzt hältst du mal die Luft an: Wir haben vier Magazine und ein Buch zusammen vollgeschrieben und nun das. Du findest meine Überschriften banal? Das hat mich echt angefasst, Grennero, die sind nämlich meine Stärke. Und deswegen frage ich: Warum darf ich hier mitmachen, was ist denn meine Rolle in dem Spiel? Sicher hab' ich eine Ahnung, aber ich will es von euch hören. Du lachst, Steffen, dabei weißt du, dass du mich damit treffen kannst. Und jetzt guck eben, wie viele Likes du bekommen hast bei Facebook (haha!), wie immer, wenn wir uns sehen, um über Titel zu reden. »Auch gutes Like-Wetter heute«, hast du gemeint und wir mussten beide grinsen, letztens, und ich wusste: Wenn wir gemeinsam lachen, sind wir okay. Aber dann hast du Fabian »Fabi« genannt und sie war wieder da: die Unsicherheit. Fabi? Hast du das mal mit ihm abgesprochen und wenn ja und er genickt haben sollte, frage ich, obwohl ich Angst vor der Antwort habe: Kenne ich dich genauso schlecht wie ich Steffen zu kennen scheine, **Fabian, wo stehen wir eigentlich?**

FABIAN • Jenny, es gibt eigentlich genau vier Menschen, die mich Fabi nennen dürfen, wobei das natürlich noch viele andere tun. Ob du mich besser kennst, wenn ich das dann gleich erklärt habe und ob das etwas darüber sagt, wo wir stehen, das müssen wir sehen. Meine drei Mitbewohner*innen aus der ersten WG, die ich in Karlsruhe gründete, und Steffen Greiner. Es ist ganz irrational, aber bei Steffen finde ich das überhaupt nicht schlimm, eher putzig. Den anderen dreien, nun ja, denen hab ich nie gesagt, dass ich das nicht so mag, weil mich vorher eigentlich niemand wirklich penetrant Fabi nannte. Und sowieso nennen mich auch andere gleich Fabi und ich verpasse den Moment zu sagen, dass mich das irgendwie nervt und dann sickert das so ein und ist dann doch auch halb okay.

Woher diese Aversion gegen den Spitznamen kommt, keine Idee. Gibt es da draußen andere Fabians, die nicht so gern Fabi genannt werden? Bin ich mir sicher. Jedenfalls scheint es eine Selbstverständlichkeit zu sein, dass man Fabiane nach einer gewissen Zeit einfach Fabi nennt, was eigentlich völlig übergriffig ist, ja, zum Kotzen, fast. Wie wir zueinander stehen, fragst du, Jenny.

Schon seitdem ich dich kenne, seitdem wir uns zum ersten Mal getroffen haben, auf meiner Geburtstagsfeier, bei der du mit deinen Scheinwerferaugen den Raum durchleuchtet hast und für mich aus Erzählungen »nur« Jenny warst, die unsere gemeinsame Freundin kannte, freue ich mich, dich in meinem Orbit zu haben, ganz einfach. Hm, vielleicht gebe ich den Staffelstab hier gleich mal weiter, weil ich jetzt doch verunsichert bin: **Mads, sind wir eigentlich Freunde?**

MADS • Ich weiß wirklich nicht, wann wir uns das erste Mal trafen, Fabian. Und das ist ein bisschen komisch, weil wir dann ja doch jetzt schon ein paar Jahre miteinander verbringen und andere Menschen mir sagen, dass sie uns – unter anderem deswegen – immer für dicke Kumpels hielten. Aber eigentlich sehen und hören wir uns ja nie. Und das fehlt uns ja auch nicht. Nicht, dass wir uns nichts zu sagen hätten, aber wir müssen es nicht.

Vielleicht sieht es dennoch so aus, als wären wir sehr enge Freunde. Das könnte auch an der aufwendigen Geste liegen, mit der wir uns begrüßen. Die zarte Berührung der Fingerspitzen, die du dir mal in der Sixtinischen Kapelle abgeguckt hast. Deine untergekniffene Oberlippe, dein Schnalzen, mein theatralisches Abwenden. Viele Gebärden und Laute, viel Story, viel Drama auch, für eine Begrüßung.

Aber eigentlich machst du das immer so, bei allen, oder? Das nahm ich zumindest immer an. Dass du Begrüßungen immer ironisieren musst. Ich kann das verstehen. Ich finde Begrüßungen auch absurd. Warum geht man nicht rein, setzt sich hin und ist da. Vielleicht kann man noch sagen: »Ich bin da.« Falls es jemand nicht gesehen hat, so aus Höflichkeit, damit alle up to date sind. Vielleicht können die dann noch sagen: »Ok, weiß ich Bescheid«, als Rückmeldung. Damit wäre alles gesagt.

Ich habe nichts gegen Zuneigung, aber die findet doch woanders statt. Ja, wo eigentlich?

Das erste Bild, an das ich mich von dir erinnern kann, ist im Institut in Weimar, vor Fabian Steinhauers Büro. Wir waren beide Hilfskräfte bei ihm, richtig? Weiß ich das noch richtig? Ich kam gerade aus Schweden wieder und Cornelia Vismann, die den Lehrstuhl bis dahin innehatte, war gestorben. Ich weiß noch, wie ich ihr das letzte Mal in diesem Zimmer begegnete, vor Schweden. Sie fragte mich, was ich so vorhätte, mit meinem Leben, und ich dachte, sie würde das fragen, weil wir uns dann, in diesem Leben, wiedersehen würden, weil sie wieder gesund sein würde. Aber sie räumte nur ihr Büro aus, fand ich später heraus. Und ihr Leben.

Vor diesem Büro standen wir mit Fabian Steinhauer, der immer mit uns gesprochen hat, als wären wir so schlau wie er, was ich sehr höflich fand, dabei habe ich nichts verstanden. Nichts von Warburg und Kirchenikonen und alledem. Aber das war ich gewohnt von meinem Studium. Dummfühlen war wirklich etwas, was ich dort gelernt habe. Ich hatte mich gut damit arrangiert, hielt das für den Erkenntnismodus der Kulturwissenschaften. Und ich wurde da bisher auch nie richtig widerlegt.

Und da standest du in einem dieser Hemden, die du damals immer trugst, mit diesen floralen Mustern in verschiedenen Abstufungen der Farbe »Cappuccino«. Und dazu diese Adornobrille. Also eigentlich diese Brille, die alle Männer zwischen 1950 und 1970 trugen, vom Gas-Wasser-Scheiße-Installateur bis zum Reaktortechniker. Und ich hatte gar keine Meinung dazu. Auch nicht zu dem, was du da erzähltest. Das hatte ich nämlich auch nicht verstanden, mit den Musikkassetten und dass die jetzt wiederkommen. Die seien schon überall. Tatsächlich hatte ich kurz darauf wieder eine Kassette in der Hand, nach 20 Jahren. Sie war von dir, Château d'Eau. Ambientsomewhat. Ich mochte es sehr, aber es war auch meine letzte Kassette. Wahrscheinlich für mehr als 20 Jahre.

In Steinhauers Kolloquium sagte ich dann über deine Kassettenmasterarbeit: »Du hast ein Problem.« Aber ich glaube, ich hatte das Problem. Mir fehlte die Systematik darin. Ich verstand nicht, wo du hinwolltest mit deinem Bandsalat. Also das ist ja generell mein Problem, dass ich klare Strukturen brauche, Ziele, Meilensteine. Aber ich musste feststellen, dass dir das nicht so geht. Dass du eigentlich gar kein Problem hast, mit deiner Arbeit, mit der Welt oder dir. Dass du einfach so drauflosdenkst und -lebst. Das war mir sehr fremd. Und ich glaube, von dort an war es immer gleich zwischen uns.

Das erste, was ich von dir sah, Steffen, war ein Selfie vor deinem Rechner, nachdem du für *Die Epilog* 24 Stunden am Stück Fips Asmussen gehört hattest. Und ich dachte gleich, dass diese Koteletten dir wahrscheinlich in genau denselben 24 Stunden gewachsen seien, ebenso wie dein seitwärts transzendierendes Haupthaar – dass es halt das ist, was 24 Stunden Fips-Asmussen-Hören mit einem machen.

Und dann strich ich dir diesen furchtbaren Hunter-S-Thompson-Gedächtnis-Einstieg aus deiner Reportage. Und ich wusste gar nicht, warum, weil der Text ja irre witzig war, aber diese Exzesskoketterie mit Drogen und Roadtrip, die ertrage ich nicht, die ganze Haltung nicht, dieses Hingenommene, von Asmussen bis Berghain, das Exaltierte, von Wetter bis Merkur. Das alles immer sehr sehr geil ist, dann. Da stülpt sich mir was aus.

Aber der Text war natürlich trotzdem großartig, das meinte auch Fabian und dann warst du mit im Boot, in der *Epilog*-Redaktion. Wir trafen uns in Weimar und im Bataclan in Paris ging die Welt unter und wir schwiegen und du redetest und redetest, die Tempranillo-Granate fest umklammert, die du damals stets bei dir führtest. Und du fuhrst das ganz große Besteck auf, das man halt braucht, wenn man über so ein Ereignis überhaupt reden will, weil man nicht schweigen kann: Diskursanalyse, Medienanthropologie, Gouvernementalität, Gender, you name it. Immer kleiner, immer immer kleiner.

Aber es ging ja nicht weg, das ist ja die Krux der Geisteswissenschaften. Gedankenzerlegen zerlegt nichts. Sobald man sich umdreht, sackt die zerfächerte Welt hinter einem wieder als Monolith in sich zusammen, reassembliert sich und stürzt dir in den Rücken. Aber da habe ich gedacht: Okay, Steffen, das kann nicht klappen, was du da machst, aber danke, dass es eine*r macht. Denn irgendwas muss man ja machen, um einer*einem diesen Wahnsinn vom Leib zu halten. Und daran denke ich seitdem immer, wenn du etwas sagst.

Du hast nichts gesagt, Jenny. Das weiß ich noch. Da waren Worte, zwischen dir und Fabian, aber dein Gesicht erinnere ich unbewegt. Da squatteten wir auf dem Tempelhofer Feld, vor diesem Betonklotz da ganz unten. Und Chris hatte eine Lesung gemacht: auf dem Feld, im Beton vor dem Sonnenuntergang in großer Hitze. So stellen sich Leute Berlin vor, glaube ich, dabei ist es nur einmal im Leben so. Selbst für Berliner*innen.

Steffen rhapsodierte eine epische Montage aus frühneuzeitlichen Juden-Pogromen und seiner Kindheit. Ein Text, den er schon überall versucht hatte unterzubringen, der aber viel zu verwunden und dark war, als dass er sich in einer dem Papier bereits bekannten Typographie hätte drucken lassen. Und vorgelesen ging es dann wirklich gar nicht mehr. Aber ich kannte den Text ja vorab, aus dem Booklet sozusagen, und konnte mitsingen, so wie man halt immer bei englischen Liedern mitsang, die man toll fand, bevor man Englisch konnte.

Und Jenny, du saßt hinter mir und ducktest dich unter Steffens Geschichten hinweg, als wärst du gemeint. Dabei kanntet ihr euch doch noch nicht. Und irgendwann verstand ich, dass du dich nicht duckst, sondern, dass es eine Spalte im Raum gibt, in die du manchmal ein Bein gleiten lässt, damit du weniger Fläche bietest, für die Sonne, nehme ich an, oder für Worte oder den Rest. Aber in dieser Spalte kannst du dann in Ruhe nachdenken und unberührt von der für uns Übrigen gültigen Raumzeit Worte finden, die es hier gar nicht gibt.

Dann träumte ich von deinem Zimmer, überbacken mit Kirschstreuseln. Und ich war sehr gerührt, dass du mich dorthin eingeladen hattest. Dabei war auch die Einladung nur geträumt. Aber seitdem sitze ich dort, in Streuseln. Und du hast gesagt, dass du dich freust, dass ich da bin, da war ich dann aber schon wach.

»Sind wir eigentlich Freunde?«, fragt Fabian. Ich weiß nicht, ob ihr wirklich meine Freund*innen seid. Sicher nicht weniger als das, vielleicht auch nicht mehr. Aber ich würde euch niemals anrufen, oder ansprechen oder besuchen, einfach so. Aber ich schreibe euch gern. Und ich schreibe sonst niemandem. Vielleicht sind wir Brieffreunde.

STEFFEN • Vielleicht sind wir ja auch, wie alle Quartette, die Beatles. Ich glaube, das geht so: Vermutlich bist du, Mads, Paul McCartney, Jenny ist John Lennon, Fabian ist Ringo und ich bin George, also, so ein bisschen wie doch immer. Nur eben ohne das Peace-of-mind-Ding, und ich glaube, das wäre für die Balance hier wichtig. Es geht also nicht wirklich auf mit uns. Übrigens auch nicht als Spice Girls, ich hab daran lange geknobelt. Und schon gar nicht als Tristesse Royal. Immerhin bleiben wir an dieser Stelle noch weiter zusammen. For now, zumindest. Alle Bands gehen schließlich in einen indefinite hiatus, oder sollten es zumindest, und nur die besten mit einem Knall. »Wenn wir Freunde wären, würdest du so eine Scheiße nicht machen«, schrie Lee auf der berüchtigten Tic-Tac-Toe-Pressekonferenz, 1997. Und wir haben gelacht, obwohl es nix zu lachen gab, eigentlich. Ich will noch einmal lachen, wo es nix zu lachen gibt, während ich mich frage, zu was ich so fähig bin, als Freund, und nur die Schultern zucke. **Fabian, was war deine süßeste Rache?**

FABIAN • Ich weiß nicht, ob das zum Lachen ist, aber habt ihr anderen hier auch diese Geschichte? Die Geschichte, in der ihr als Kind, ganz unvermittelt, einen Stein in der Hand, diesen Stein eurem Gegenüber an den Kopf werft? Eurer*eurem besten Freund*in, euren Geschwistern? Aus fünf Meter Entfernung oder fünfzehn? Auf einem aufgeschütteten Hügel, der Baustelle in eurer Nachbarschaft oder beim Kindergeburtstag?

Ich stehe auf diesem Hügel, sehe den Nachbarsjungen, schon auch ein Freund, aber irgendwie ein kleiner Arsch, der mit sieben oder acht Jahren schon Dinge wie »im Prinzip« sagte. Ein cholerisches Kind, mit dem ich nach Silvester mit den übriggebliebenen Böllern Plastikspielzeug in die Luft jagte.

Ich habe diesen dicken Kieselstein in der Hand und werfe einfach so in seine Richtung, ohne Absicht, ihn verletzen zu wollen, Volltreffer Hinterkopf. Er schreit wie am Spieß, fasst sich in die blutgetränkten Haare. Scheiße. Keine Absicht. Oder doch? Vielleicht doch die Rache für die letzte Fiesheit? Süß, lieber Steffen, war das leider nicht, deswegen kann ich deine Frage nur so halb beantworten.

Ein oder zwei Jahre später bin ich auf einem Kindergeburtstag, wir spielen im Garten, rennen zwischen Hauswand und Blumenbeet entlang und plötzlich knallt es an meinen Hinterkopf. Mir wird schwindelig und ich lege mich auf den Rasen. Stein am Kopf, diesmal ich. Kam vom Schutthügel neben dem Haus, krass, dass mich der Klassenkamerad im Laufen so erwischte. Beim Arzt auf der Pritsche, Betäubungsspritze sticht Hinterkopf, ich muss vor Aufregung pupsen.

Meine Rache aber jedenfalls ist vielleicht weniger süß. War sie vielleicht dieser unterdrückte Wunsch nach Rache an meinem cholerischen Kumpel, der dann in dem Versuch endet: »Ich werf mal, vielleicht treffe ich und wenn ich treffe, war das auch verdient?!?« Ich wüsste jedenfalls nicht, an wem ich mich wann oder wie bewusst, mit großer Geste oder einem Plot, gerächt hätte, sodass er oder sie auch diese Rache direkt gespürt hätte. Meine Rache ist eher still.

Und wenn ich genau darüber nachdenke, ist meine köstlichste Rache, nenn das überheblich, Mads, wenn ich das Gefühl habe, erfolgreicher, besser, effektiver zu sein als Menschen, die mir gegen den Strich gehen, die vielleicht meine kleine, stille, persönliche Rache verdient haben, weil ich sie falsch, hinterlistig oder zu geltungsbedürftig finde.

Erzählt mir also nicht, wie toll ihr seid. Ich werde mich nicht dafür begeistern. Ich kann immer einen drauflegen, irgendwie, ich kann das immer irgendwie toppen, aber genau das werde ich euch nicht sagen, ich werde es kaum jemandem erzählen, ich werde es einfach tun und als meinen kleinen Triumph feiern und dann weitermachen.

Deshalb: **Geltungsbedürfnis ist vielleicht wirklich das Schlimmste, okay, das Schlimmste nach ungefähr 1000 schlimmeren und wichtigeren Dingen auf der Welt. Kennst du das, Mads?**

MADS • Da geht es mir wie dir, Fabian, Geltungsbedürfnis macht mich auch immer wütend. Ich weiß genau, wie das aussieht, wenn einer ständig auf der Bühne steht, ohne dass ihm jemand eine hingestellt hätte. Aber sieh das mal von der anderen Seite. Hast du nie Lampenfieber, Fabian? Stell dir vor, es springt immer der Spot an, wenn du einen Raum betrittst, ungefragt, wie am Bewegungsmelder.

Und jedes Mal die Frage: Warum genau habe ich mir ausgerechnet diesen Scheißjob ausgesucht, das Rampenlicht, die Last hunderter Augen, die Schuld ihres Aufmerksamkeitsvorschusses? Klar, das angenehme Flirren zwischen den Ohren, der Applaus. Aber davor, danach: Dehnungsschmerz in den Axonen, Treibsand im Knie, Kotzen. Man möchte kotzen, könnte immer kotzen. 48 Stunden Kotzen für 20 Minuten Fame.

Dieses Geltungsbedürfnis macht mich wütend. Wütend auf mich selbst. Lass es doch! Muss doch nicht sein. Gib dich doch zufrieden mit dem, was du hast, mit dir. Ja, aber so einfach ist das eben nicht mit der Geltung. Jede*r will doch wahrgenommen werden.

Ich erinnere mich leider nicht, aber ich glaube, der Moment, wenn man sich das erste Mal seiner selbst bewusst wird, wenn man plötzlich mehr ist als nur Gemüse, das ist doch, wenn die*der andere deinen Namen sagt und dir klar wird: Ich bin nicht nur Teil des Universums, nicht nur eine Blubberblase auf dem unendlichen Ozean des Raum-Zeit-Kontinuums, sondern ich bin ich: ein abgeschlossenes Wesen. Erst von anderen wissen wir doch, dass wir selbst sind. So gesehen ist unser Bewusstsein eigentlich nur die Simulation der Sicht der*des anderen auf uns selbst in uns selbst. Ich bin nur, was ich für andere gelte. Ich kanns mir nicht anders erklären.

Das ist dann natürlich das Gegenteil von diesem irren Quatsch von: »Ist doch egal, was die anderen sagen«, mit dem unsere Eltern uns in dieses Schulddilemma gepfercht haben, dass die Meinung der anderen sich eben gar nicht egal anfühlt, aber egal zu sein hat. So ein Wahnsinn! Wer oder was bist du denn bitte, außer die Summe der Wahrnehmungen der anderen?

Wenn du an dir hängst, dann sieh mal lieber zu, dass du verdammt noch mal ordentlich wahrgenommen wirst. Aber richtig ordentlich! »Show me what you got!«, finde den Rick im Morty.

Nee klar, gibts natürlich auch, die Selbstgenügsamen. Die niemanden brauchen, die in Einzelhaft überleben, oder gestrandet mit sich selbst auf paradiesischen Inseln. Wenn sie wiederkommen, sind die aber natürlich alle irre. Bringen dann bepinselte Bälle mit, getauft auf »Mr. Wilson«. Wenn keine*r da ist, redest du mit Lederlappen, oder Bäumen, oder Jesus, oder spaltest dir halt irgendwas ab, von dir selbst, irgendwas, was dich spiegeln kann, dir sagt, dass du da bist. Besser als Auflösen.

Kurzum: Die eigentlich Irren, das sind doch die Leute ohne Geltungsbedürfnis, die sich aus Phantasmen speisen. Die bilden sich selbst doch nur ein.

Ich möchte mir glauben können, dass ich da war am letzten Tag. Ich habe dieses Bild wirklich gefressen, vom Totenbett, wenn dich jemand fragt: »Wat haste jemacht? War jut?«

Deswegen ja auch: jomo, yolo, you name it. Deswegen muss ich rennen im Leben, auf der Flucht vor den verpassten Chancen, nach vorn, in mein eigenes Forrest-Gump-Epos und in der Hoffnung auf Husarenstücke, Dramen und Komödien – die Geschichten, die ich über mich erzählen will. Die andere über mich erzählen sollen.

Ein Kumpel sagte mal, er dachte, er könne eine Delle ins Universum schlagen. Da konnte er schon kaum noch seine Hand heben. Er hatte sich beim Versuch den Arm ausgekugelt. Aber ich verstand, was er meinte: Man muss doch was hinterlassen hier, was Metaphysisches am besten. Irgendwas, was diesem Leben einen Sinn gibt. Eine Geschichte, die über die kurze Episode unseres Daseins hinausweist.

Das ist natürlich fast aussichtslos. Aber ich versuche trotzdem, alles rauszuholen, 100 Prozent. Ich habe nie verstanden, was man mit 90 Prozent will? Es gibt so viel 100 Prozent auf der Welt, wofür braucht eine*r 90 Prozent? Was will man mit einem 90-Prozent-Roman oder 90-Prozent-

Musikstück, wenn es mehr Hundertprozentige gibt, als man lesen oder hören kann? 100 Prozent sind erst die Eintrittskarte ins Rennen, da hast du noch nichts gewonnen. Also gebe ich Gas. Ich bin verbissen. Eine Tonne Kraft im Kiefer. Ich bin das Packeis der Generation Schneeflocke. Ich schiebe Kontinente vor mir her. Das ist meine Wut.

Klar, dass das nicht gut gehen kann. Die Knie machen das nicht mit, sind nicht dafür ausgelegt, sagte mein Orthopäde mal, generell nicht zum Kontinenteschieben. Der Meniskus ist schon durch, die Sehnen knallen beim Aufstehen, als nächstes: neues Knie, dann schiebe ich gar nichts mehr. Deswegen will ich das nicht. Das muss aufhören. Dieses Geltungsbedürfnis ist wirklich das Schlimmste, was es gibt.

Bis zur nächsten Bühne, wenn ich wieder wissen will, wer ich bin, für euch, für mich. **Wo steht deine Bühne, Steffen? Ich sehe dich doch suchen!**

STEFFEN • My dearest Mads, ich war dieser Tage in der Schaubühne. Dabei gehe ich nie ins Theater, es zieht mich nicht an, aber ich konnte nicht ablehnen, als meine Mitbewohnerin mir zum Geburtstag eine Karte schenkte. Und also, Mads, da war sie: die Bühne, ganz real, direkt vor mir. Natürlich kann ich ihre Macht nicht leugnen.

Ich erinnere mich: Wie viel Spaß mir das immer gemacht hat. Im Kinderchor sang ich die größten Rollen, die es gab: den Knasterbax im Stück *Knasterbax und Siebenschütz*, ein angechristeltes Kindermusical für Toleranz. Den Anführer der Kesselflickerbande im angechristelten Kindermusical für Toleranz *Die Kinder von Girouan*. In der Theatergruppe der evangelischen Kirchengemeinde Saarbrücken-Klarenthal spielte ich Kriegsminister bei Dürrenmatt und Heilsarmee bei Shaw. War das der Applaus, der allen jungen Menschen gebührt, die auf der Bühne stehen, oder war ich tatsächlich gut? Ich glaube, ich war gut als Schauspieler, ich glaube, ich wäre ein guter Schauspieler geworden. Hätte ich mich auf diesen Weg gemacht. Ich habe mich auf der Bühne immer sehr wohl gefühlt. Auf tatsächlichen Bühnen.

Ich kann mir nichts vormachen: Dort werde ich nicht mehr hinkommen. Sicher, alle Wege sind immer offen, das müssen wir uns sagen, das wird uns plausibel gemacht, aber ich werde kein Balletttänzer mehr und kein Theaterschauspieler. Ja, es stehen mir noch immer viele Türen offen. Priester kann ich noch werden oder Grabredner, sicher. Auch reizvoll. Und ich kann ja auch immer noch Lehrer werden und so, wenn es gar nicht mehr geht, na klar, hallo Berlin. Aber würde ich zurück zur Leichtathletik gehen, dürfte ich schon länger in der Altersklasse »Senioren« starten. Ja, es ist gut, dass es viele Optionen gibt, zweite Chancen, Abendgymnasien, Fernunis.

Und trotzdem ist es so: Wer zwischen 16 und 20 nicht klarkommt, hat einfach mega die Scheißkarten für den Rest des Lebens. Ich kam halbwegs klar. Genug, um Abi zu machen, nicht genug, selbstbewusst mein Leben anzugehen. In der Zeit, wo es um wichtige Entscheidungen ging, lag ich immer depressiv bis zwölf im Bett und wollte einfach weg. Ich las zwar ein paar Handbücher für den Karriereeinstieg in Journalismus, Film, Literatur, stellte ein paar Weichen, hatte ein paar Ideen, ging aber doch einfach irgendwohin, wo es keinen NC gab und wo ich nie wieder was mit Mathe machen musste.

Kulturwissenschaft, so sehr ich in diesem Umfeld glücklich war, hat als Bühne etwa die Strahlkraft einer Open-Mic-

Nacht dienstags in Oldenburg. Ich bin wütend auf mich selbst, nie innegehalten zu haben, damals nicht, heute nicht, dass ich mich nie traute, Seiten an mir zuzulassen, die auszuleben mehr Energie gekostet hätte, riskanter gewesen wäre, als das, was ich jetzt lebe: Die Blutmühle des freiberuflichen Schreibens an der Prekariatsgrenze als Weg des geringsten Widerstands.

Bühnen brauchen Bühnenbauer*innen und Bühnenmeister*innen. Wer auf einer Bühne im Zentrum stehen will, muss zuvor ein engagierter Teamspieler sein, Hierarchien und den eigenen Platz darin verstehen und akzeptieren. Schreiben war für mich immer das genaue Gegenteil. Als Bühnenmensch müsste ich mit Menschen zusammenarbeiten, als freier Journalist kann ich mich zurückziehen, einsam nachts um halb drei zwischen müden Masturbationen irgendwelche Thesen zusammenbasteln. Kurz: Als Bühnenmensch muss ich einen Platz auf der Welt einnehmen. Als Autor kann ich an ihr vorbeileben.

Und das unterscheidet uns, Mads, dann vielleicht doch. Dich, als Sohn eines Anwalts und einer Sozialpädagogin, und mich, Sohn eines Berufsschullehrers und einer Krankengymnastin. Die mich immer in allem bedingungslos unterstützten, ein absurder Luxus, die alte Erzählung vom Besser-haben-als-wir. Unendliche Dankbarkeit dafür. Aber heute verstehe ich, bei aller Liebe, die sie mir mitgaben: Dass die gefühlte Unverwundbarkeit, die es braucht, um sich zuzutrauen, Herausforderungen anzunehmen, keine Stärke war, die sie mir vermitteln konnten, weil sie beide doch nie mit mutigem Blick auf die Welt schauten. Meine Eltern sind ängstlich. Bei allen Privilegien, die mir zuteil werden: Das Privileg von Eltern, die wissen, wie das geht, mit dem

Durchsetzen, das hatte ich nicht. Die Kulturtechnik des Durchsetzens, des selbstverständlichen Platzes in der Welt, ist noch immer erblich. Mir standen viele Türen offen, das ist gut, danke, soziale Marktwirtschaft. Ich habe nur bis heute nicht verstanden, dass es auch ein Recht gibt, durch eine zu treten. Ja, Mads, es stimmt: Es gibt den Hochadel noch immer, nur nicht das Wir, das du dazu anführst. Und ich bin zu müde, darüber noch wütend zu sein.

Aber mir fällt auch ein, wie wir an einer *Epilog*-Ausgabe zum Thema Plan schraubten und ich mich als Typ nicht einmal Plan B, sondern Typ Plan Jenseits-des-Alphabets bezeichnete. Und dann kramen wiederum besagte Eltern, kaum lasen sie das Heft, einen merkwürdigen Schulaufsatz hervor, dritte Klasse schätze ich. Zweimal die Woche Turnverein, steht da, einmal die Woche »Wie verhalte ich mich im Notfall«, und dass meine Freunde Markus und Sascha heißen. Und dann eben auch: »Wenn ich groß bin, werde ich Archäologe, Dichter oder Schriftsteller.« Ganz so, als wäre also dann bei aller gefühlten Ziellosigkeit der Kompass doch immer unbewusst recht geradlinig ausgerichtet gewesen.

Ich weiß, Mads, du wirst das hassen, Stichwort: Nabelschau Berlin. Aber doch, ich hatte viel Zeit, über diesen Text nachzudenken, und ich glaube, die Antwort könnte auch ganz simpel sein: Im Berghain hat es dann gut funktioniert.

Ich glaube, so ein wenig fängt das Berghain für mich die verkorkste Beziehung zu meiner Mutter auf. Was ich dort in Frage stelle, wogegen ich dort blind bin, kann ich hier, in einem politisch recht weit mitte-rechts stehenden Schwulenclub, wie selbstverständlich umarmen: Eine Art bedingungslose Liebe und Akzeptanz, die mir in der sozialen Welt so rein nie begegnet. Oberflächlich? Yes. Wahr? Nonetheless.

STEFFEN • Sobald man diesen Ort betritt, der ja sehr elitär ist, auf eine undurchschaubare Art, wird er unfassbar egalitär. Die Gemeinschaft auf den Floors, verbunden durch das Bestehen eines Tests, für den niemand lernen kann, verhält sich zueinander in großer Solidarität. Was konkret heißt: Ich bin ein awkwarder Clubmensch, weil ich im Rave immer beides zugleich bin – das instabile, verstörte Kind an der Schwelle zur Pubertät, das sich autistisch zurückziehen will, und der von innen heraus strahlende Mensch, der den Tanz und die Nacht als Element der Selbstfindung fruchtbar macht.

MADS • Hate it.

Oft fühle ich mich komisch, dass ich so viel Ballast brauche, um diese Spannung auszubalancieren. Die meisten tanzen nackt, ich am liebsten im Wintermantel und mit einer kiloschweren Tasche über der Schulter. Ein Stil unter vielen. Dieses grundsätzliche Akzeptiertsein qua Anwesenheit erlaubt selbst mir verhunztem, mit so vielen selbst aufgestellten Schranken und Zweifeln ausgestattetem Charakter, mich auf Spiele von Gemeinschaft und Selbst einzulassen. Blicke, geschlossene Augen, zufällige Berührungen, Hände auf Körpern, distorted Phrasen, plötzlich doch ein Gespräch. Ich bin automatisch Teil einer Welt. Was ich nach 34 Jahren echtem Leben noch immer nicht behaupten kann.

Das macht das Berghain für mich zur besten Bühne, die ich betreten kann. Ein post-produktives Ausgeliefertsein, sinnvoll und bescheuert. Temporär-Adel. »Mir ist es egal, wer da vor mir steht. Wenn ich Leben in ihrem Gesicht sehe, passt sie ins Berghain, dann lasse ich sie rein«, sagte Sven Marquardt einmal der *Zeit*, vor langer Zeit, über Helene

Hegemann, seinerzeit Skandal-Berghain-Autorin. Vielleicht lauert meine Paraderolle also nicht in einem Feuilleton oder einem schlimm aufgescheuerten Vorlesesessel, egal wie viel Energie ich da reinstecke, sondern in einem Heizwerk hinter dem Ostbahnhof, das ich alle paar Monate einmal für ein paar Stunden besuche. Fabian, von Jenny weiß ich, dass sie es kann. Von dir nicht. Ich möchte dir keine Frage stellen, sondern eine Aufgabe, wie bei Wahrheit oder Pflicht, nur, dass du hier beides erfüllen musst: **Welches Spiel hast du mit dir selbst noch offen, Fabian?** Über welche Grenze deiner Komfortzone ärgerst du dich? Dort gehst du bitte über sie hinaus. Ganz praktisch. Keine Ahnung, wie banal das werden darf, ob du Skispringen gehst oder bloß jemanden in der Kneipe anlaberst, aber ich glaube, after all bist du uns allen hier eine gute Geschichte schuldig, also denk bitte BIG. Ich freu mich auf deinen Bericht!

MADS · Nur mal so, Steffen: Das Gleiche hättest du vor 100 Jahren auch über den British Gentlemen's Club in Mumbai schreiben können. Elitäre Ausgrenzung und Selbstüberhebung sehen von innen immer aus wie Egalität. Marquardt hat dich angezwinkert und du hast dich gleich verloved wie mit 13 und schreibst hier jetzt Liebesbriefe in Schönschrift auf kariertem Diddl-Maus-Block. Aber nicht an einen Teenie, sondern an ein Geschäftsmodell. Sad.

FABIAN · Steffen, deine Aufgabe hatte ich schon längst erledigt, bevor du das hier überhaupt runtergeschrieben hast.

Vor knapp zwei Wochen fuhr ich auf dem Fahrrad den Kanal hier in Neukölln entlang, am Weigandufer hoch. Es war ein schöner Tag, ich freute mich wahnsinnig und fragte mich: »Was wird Steffen denken?« Kurz vorher hatte ich mir ein Tattoo stechen lassen. Ja, mein erstes.

Ich hatte es getan, obwohl ich noch vor zwei Jahren dachte: »Alle haben Tattoos, ich will nicht machen, was alle machen.« Besonders stark war dieser Eindruck auf einer Reise im Pazifischen Nordwesten. Wir waren in Vancouver und da hatten wirklich, wirklich alle Menschen in unserem Alter, die cool und lieb sind, Tattoos. Ich fragte mich, ob das an der ganzen Westküste so sei.

Das ist die Krux bei mir manchmal: Ich möchte nicht machen, was andere schon machen und definiere darüber ein bisschen meine Individualität. Bedeutet auch manchmal, weniger Spaß zu haben. Ich habe beschlossen, das sein zu lassen. Und weil ich, wie viele andere ja auch, manchmal nicht aus meiner Haut kann, ziert jetzt ein kleiner krakeliger Kasten mit der Inschrift »DOOM« mein Schienbein.

Eine Woche zuvor schoss mir in den Kopf, dass ich mir ja doch was stechen lassen könnte. Ich verbrachte viel Zeit damit, die Tattoostudios in der Umgebung anzuschauen, via Instagram natürlich. Es ließ mich nicht los. Dann sah ich, dass eine Tätowiererin, deren Arbeiten mir gefallen, in einem Studio um die Ecke zu Gast sein würde. Mittwochs teilte sie eine Story mit ein paar Flashs, also Zeichnungen und Entwürfen, die sie bei ihrem Besuch tätowieren würde. Dann war da dieser Kasten, diese Box und DOOM. Ich blieb sofort daran kleben und wollte es haben. Sie gab mir einen Termin am nächsten Tag und der Abend und die Stunden davor waren emotional schon aufwühlend: gute Idee? Das bleibt dann für immer? Und das Motiv? Da machte ich mir wenig Sorgen. Das passte schon irgendwie.

An diesem Donnerstag, dem 30. Mai 2019, schloss sich

dann ein Kreis: Marena Skinner aus Vancouver ritzte mir ihr Motiv ins Bein. Mein Kopf wurde ganz heiß, die Ohrläppchen und Oberlippe bitzelten. Ich war gleich wahnsinnig glücklich damit und hatte auf dem Fahrrad dann diesen euphorischen Moment, von dem ich glaube, dass er süchtig machen kann. Und jetzt suche ich schon die nächste Idee, eine neue Stelle auf meinem Körper. Mal schauen, was noch so kommt.

Und jetzt bin ich in so einem Club und das ist nun auch schon wieder das Stichwort zum nächsten Komfortzoneverlassen. Nachdem wir uns letztens trafen und diese Aufgabe hier gestellt und angenommen war, ging ich abends allein ins OHM, um für mich selbst unser Buch zu feiern. Ich war vorher noch nie allein in einem Club und hatte dort gute dreieinhalb Stunden Spaß. Dann war ich innerhalb von 14 Tagen zweimal dort. So oft gehe ich im Jahr in einen Club, wenn überhaupt. Vielleicht sollten wir dann auch mal zusammen ins Berghain, Steffen. Meinst du, ich käme auch durch die Tür?

MADS • O Gott, schreibt doch für die *BRAVO!*

JENNIFER • Das Bitzeln, Fabian, ich muss hier dazwischenfunken. Das Bitzeln! Dieses Wort, von dem ich dachte, dass niemand sonst es kennt oder verwendet. Bis wir da saßen neulich über den Dächern von Kreuzberg, während Steffen so tat, als würde er schlafen, und Mads sich von seiner Tochter wohl das Gleiche wünschte, seit 50 Minuten. Weil es Samstagabend war und der Sommer seinen Namen schon verdiente, als wir da eben saßen und uns fragten, was das eigentlich sein soll, dieser Potsdamer Platz, und du dein Hosenbein rafftest bis geradeso über die orangefarbene Socke und es plötzlich so frech im Bild klebte zwischen den Pusteln: DOOM.

Wir begannen, über Tätowierungen zu sprechen wie Vierzehnjährige: »Man weiß ja nie, ob das in zwanzig Jahren noch klar geht.« Und ich dachte: Geht es schon jetzt nicht, einfach so, wenn man weiß ist und ein schwarzes Tipi und Feder- und Pfeil- und Bogen-Gravur spazieren trägt. Weil man gern Buden gebaut hat lange vor dem Denken und noch viel länger vor dem Nachdenken. Wohnzimmergroße Verstecke, die es zu verteidigen galt, und dann all das Zelten in Tschechien, der Hohen Tatra, Camping in Meck-Pomm und Wes Anderson und Stroh rauchen, *Die wilden Hühner*, und keinen Gedanken verschwendet an: Kulturelle Aneignung. Nur daran, wo der nächste Hering einschlägt, der im Sturm auf der Seenplatte immer für beides stand: Freiheit und Geborgenheit.

Heute bereue ich. Dass ich es getan habe, aber am meisten, dass ich es getan habe, ohne mir vorher Fragen zu stellen. Und ich bezahle mit bitzelnden Wangen in Auseinandersetzungen um diese Fragen mit Menschen und mir selbst, die so oder so ähnlich losgehen: »Nein, geht aus Gründen nicht so richtig klar, bitte: erinnern.« Und ich denke: Immerhin dafür waren diese Stiche gut. DOOM.

Zurück noch mal, mein WLAN wackelt (Name: doom portal – auch so ein Relikt – PW: kinkykinky), weil es gewittert, als stünde das Ende ins Haus. Tropfen, die durch das offene Fenster die Wohnung stürmen. »Mach mal Foto« und Sirenen. Weswegen ich aufstehen wollte, nachsehen. Zu schnell, wie ich immer alles viel zu schnell tun möchte. Bis es schwarz wird vor meinen Augen und dann dieser Gedanke: Wenn ich jetzt umfalle, würde es jemand merken?

Müsstest du radikaler sein, Fabian?

FABIAN • Ich weiß noch, Jenny, in der vierten Klasse boxte ich den großen Bully, der alle ganz elendig nervte, unvermittelt, ganz fest und tief in die Magengrube. In der kleinen Pause, niemand sonst war dabei. Niemand hat es gesehen. Danach war er netter. Natürlich habe ich seinen Namen vergessen, aber das ist ja auch egal. Jedenfalls war ich danach auch nett zu ihm, ich wusste ja, dass er im Kern ein bisschen doof war.

Ich habe das mal nachgelesen, »radikal« bedeutet im Wortsinn »von Grund aus erfolgend, ganz und gar; vollständig, gründlich« oder »mit Rücksichtslosigkeit und Härte vorgehend, durchgeführt o. Ä.«. Da sich meine Faust leicht unterhalb des Solarplexus in ihn hineingrub, lasse ich das als gründlich durchgehen, rücksichtslos, in aller Härte durchgeführt, jep. Auch wenn das vielleicht so klingen mag wie: Krasser Fabian schlägt bösen Bully, stolz bin ich darauf nicht. Zorn war das, Gewalt.

Außerdem stand da, dass »radikal« vom Lateinischen »radix« stammt, eigentlich »Wurzel« bedeutet und »eine extreme politische, ideologische, weltanschauliche Richtung vertretend [und gegen die bestehende Ordnung ankämpfend]« meint. Eigentlich eine Frechheit, wie wegen eines Schlags auf dem Schulhof gleich die Welt erodiert.

Radikal fängt also im Kleinsten an. Ich weiß nicht, warum der Bully so drauf war, wie er drauf war, aber vielleicht hat ja bei ihm zu Hause etwas nicht gestimmt. Müßig, darüber nachzudenken, als Kind war es mir auch egal, wenn ich mitbekommen habe, wie er andere durch die Gegend schubste und die sich beim Sturz auf die Bank das Handgelenk gebrochen haben. Müßig ist es auch, darüber nachzudenken, ob dann so viel schiefgehen kann, dass er heute eine*r von denen ist, die Behausungen von Geflüchteten anstecken. Das ist weit gedacht, ganz hypothetisch aber möglich.

Um auf deine Frage zurückzukommen, Jenny, ich möchte eigentlich nicht noch radikaler sein als in dem Moment, in dem ich, zugegebenermaßen, fast genüsslich zuschlug. Ich wusste, es ist falsch, es tat mir danach auch etwas weh und außerdem lief ich ein wenig feige ob der möglichen Reaktion schnell weg. Im Radikalen liegt manchmal also auch Furcht, und, so meta, die Angst vor dem Grau, vor den Zwischentönen und Widersprüchen, die man nicht aushalten will. Aber ich habe eigentlich nichts zu befürchten.

Trotzdem habe ich Angst, die Verwandtschaft zu konfrontieren, wenn da eine Zeitschrift zur Naturmedizin mit Kopp-Verlag-Werbung auf dem Umschlag auf der Kommode liegt. Radikal wäre es, hier zur Rede zu stellen, einen Streit zu riskieren, Sachen freizulegen. Möchte man das? In der Hoffnung, dass Bully noch Frieden gefunden und eine Familie gegründet hat, frage ich: **Steffen, hast du je rechte Gedanken bei deinen Eltern entdeckt?**

STEFFEN • Ja, fuck, Fabian, die Kombination »Steffen, deine Eltern« und »Nazis«, du weißt das eigentlich, die endet nie gut. Zugegebenermaßen, ich übertreibe es damit ja auch. Für *Die Epilog* schrieb ich darüber, zum Beispiel. »Böse Familien« hieß der Text, in dem ich meine Familie in die Tradition der von Trothas stelle und in die der Sansons, dieser merkwürdigen Henkersfamilie in Paris, das war natürlich Quatsch, allenfalls Narzissmus, schließlich war alles, was die Rademachers zustande brachten, ehe sie mit den Greiners anbändelten, ein ein wenig zu frühes Liebäugeln mit dem Nationalsozialismus, Mitte der Zwanziger, als das Saarland nicht einmal zum Deutschen Reich gehörte, und eine recht erfolgreiche Laufbahn im BDM-Apparat. Böse Worte und ein paar Wochen ungutes Schweigen zwischen den Generationen war das dennoch wert.

»Eine gute Führerin« muss meine Großmutter gewesen sein, sagen ihre Zöglinge später, mehr weiß ich darüber nicht. Einige Briefe gibt es, deren Absenderinnen ihr nach dem Krieg schrieben, ob sie sich erinnerte, »Ich bin die mit den langen blonden Zöpfen«, ja ehrlich, so schreiben sie, irgendwie schreiben sie sich zusammen nach dem Krieg, es gibt ein merkwürdiges Ereignis, auf das alle rekurrieren, ohne es zu benennen.

Kriegsscheiß halt, vielleicht auch mehr, mein Historikerbruder ist irgendwie dran an der Geschichte, seit er, so Deutscher-Buchpreis-Roman-mäßig, auf dem Speicher ihres alten Hauses ihre Arbeitsnachweise fand, denn so weit ging die Entnazifizierung nämlich nicht: Dass man sich seiner Tätigkeit bei einer der wichtigsten Fascho-Nachwuchs-Klitschen hätte schämen müssen. Wurde natürlich alles korrekt angerechnet, auf die Rente.

Die großmütterliche Mischung aus Aufstiegsfanatismus, Opportunismus und Glaube, scheint so gut zu erklären, was in dieser Familie falsch lief. Rechte Tendenzen bei meinen Eltern: Das nur als narzisstische Kränkung wahrnehmen zu können, statt Trauerarbeit zu leisten oder Aufklärungswillen zu zeigen, alle Mauern hochzuziehen und bewusst zu verhindern, dass sich uns die Familiengeschichte und ihre vorbewussten Traditionen erschließen. Vieles, was ich meinen Eltern übelnehme, kommt hier zusammen. Der Faschismus ist ein toxischer Nullpunkt. Familien bleiben länger kontaminiert als Systeme.

Gut, davon abgesehen: rechte Gedanken bei meinen Eltern? Nein, nicht wirklich. Oder besser: Ja, schon, aber die sind absurd abgekoppelt von dem, was wir alle als »Rechtsruck« wahrnehmen. Die rechten Tendenzen meiner Eltern sind so Streichelzoovarianten des schüchternen Rechtszuges der 1950er-Jahre. Die einzige rechte Aussage meines Vaters, an die ich mich erinnern kann, ist, dass er, früher Lehrer an einer Berufsschule in einer saarländischen Provinzstadt, sich darüber aufregte, wie wenig Respekt manche Schüler seinen weiblichen Kolleg*innen entgegenbrächten, nämlich: die Italiener. Die Italiener! Das Italiener-Othering hat in Deutschland natürlich eine lange Tradition, die sich noch in unseren Schulbüchern niederschlug, Fabian, du kennst es vielleicht: Wo dann beim Fußball einer immer »Spaghettifresser« gerufen wird, aber am Schluss geht die Rübe doch immer nur aus der Erde, wenn alle zusammen daran ziehen, oder so ging das doch, damals, beim Kinderliedersingen: »hauruck zieht der Paule und hauruck zieht der Fritz«. Rassismus aus der heilen Welt, deutsche Traumzeit, Wirtschaftswunderhass.

Dem gegenüber stehen dann eben Eltern-Selfies von Saarbrücken-bleibt-bunt-Aktionen und eine immer wieder erkennbare abgrundtiefe Verachtung für die AfD. Meine Eltern sind beide keine Intellektuellen, kommen aus dem sogenannten Angestelltenmilieu beziehungsweise dem Milieu kleiner Beamter, aus der Arbeiterschaft aufgestiegen, mit noch größerem Aufstiegsdrang.

Gewählt wurde immer links, früher SPD, heute Grüne oder die Linke, wenn man die im Saarland auch oft scheiße finden muss, weil: Lafontaine. Selbst meine Oma väterlicherseits, die gerne erzählte, wie sie nach der Evakuierung 1945 zurück in ein zerstörtes Saarland kam und den ersten schwarzen GI gleich als »Affen« beleidigte, um dann etwas verschämt zu sein, sprach der doch perfektes Deutsch und war überaus höflich zu den Zurückkehrenden, weigerte sich mit über neunzig noch, anders als die anderen Versprengten aus ihrer Alterskohorte, die Arztpraxis im Dorf zu wechseln, nur weil der neue Inhaber of Color ist.

Mein Vater hingegen war 2006, nachdem ich an der Uni erstmals mit Queer Theory konfrontiert war, was bei mir einiges auslöste, so interessiert und offen für das Thema, dass er recht schnell den damals state-of-the-art-igen Unterstrich als Trans-Marker in seine Texte übernahm. Was das denn solle, fragten dann zukünftige Arzthelfer*innen und Autohändler*innen. Na, sagte mein Vater, manche Menschen, die sind halt weder Mann noch Frau, und die passen dann da rein, in diese Lücke, die ich gelassen habe, da ist Platz für alle, und so simpel ist das nämlich, und überall zwischen Merzig und Dillingen kann man jetzt Gebrauchtwagen kaufen von Menschen, die es, anders als die Crème des deutschen Feuilletons, irgendwie nachvollziehbar und gar nicht kompliziert finden, dass manche Menschen durchs Raster fallen und einen Platz brauchen, den man dann einfach mal schaffen kann.

Was ich eigentlich sagen will, also, ist, und Fabian, bitte versteh mich nicht falsch, ich will das alles gar nicht kleinreden, das ist scheiße, dass meine Eltern ihre Mikrorassismen nicht abgelegt kriegen, obwohl sie sich bemühen, ein Bewusstsein dafür zu haben. Dass ich das nicht schaffe, sowieso. Es geht mir nicht darum, meine Eltern davon freizusprechen, dass sich rechte Gedanken bei ihnen finden. Aber an meinen Eltern, jüngst aufgestiegene Mittelschicht in einer strukturschwachen Region, lässt sich gut zeigen, dass das, was gerade als Rechtsruck diskutiert wird, kein Automatismus ist.

Bei Twitter las ich: »Fox News did to our parents what our parents feared violent video games would do to us.« Das mag, in den deutschen Diskurs übertragen, für ein Gros der Medienlandschaft in den letzten drei, vier Jahren, so stimmen, vielleicht für ein Gros der Generation meiner Eltern. Aber es stimmt nicht, dass die Normalisierung rechter Gedanken im Diskurs bedeutet, dass alle, die damit konfrontiert sind, normal-rechts werden. Es ist immer noch ein Schritt hin zum Arschloch, den man selbst gehen muss. Es fällt vielleicht leichter, sich für das Ressentiment zu entscheiden, wenn Parteivorsitzende so agieren. Aber man muss nicht. Nicht als meine Eltern, nicht als meine Großmütter, nicht als Einwohner*in von Sachsen oder dem Münsterland, nicht als junge*r Arbeiter*in, als mittelalte*r Arbeitslose*r und nicht als buchstäblicher alter weißer Mann. Ich habe einigen Shizzle mit meinen Eltern, ja, na klar, aber, ach, was soll ich sagen, dafür habe ich sie wirklich sehr, sehr lieb.

Denn eines weiß ich: Während wir diskutieren, ob wir

mit Rechten diskutieren müssen, macht meine Mama regelmäßig, wenn sie mit den Senior*innentanzgruppen unterwegs ist, die sie leitet, den Mund auf, wenn dumpfe Sprüche kommen. Während ich aus purer intellektueller Autoaggression immer mal wieder halb umnachtet versuche, den Holocaust irgendwie mit Deleuze oder Derrida zu begründen, immer erfolglos wohlgemerkt, steht für meine Eltern überhaupt nicht zur Debatte, dass es okay ist, wenn doch ein Nazi mal auf die Fresse kriegt.

Ich glaube, ihr moralischer Kompass ist besser eingenordet als meiner, obwohl ich, anders als sie, weiß, wie ich Mikroaggressionen in meiner Sprache verhindern kann. Und so weiter. Das Ding mit dem Rechtsruck ist nämlich auch, dass er zu nicht geringen Teilen in der Angstlust unserer Blase am Faschismus begründet liegt, in unserer Sucht nach Apokalypse, die sich so perfekt mit den apokalyptischen Bildern der Faschist*innen ergänzt, dass uns immer ganz warm ums Herz wird, wenn er wieder sein hässliches Haupt erhebt, das unheimliche Cutiepie. Oder, **Jenny, worin liegt für dich der Reiz, die Faszination, der Magnetismus des faschistischen Denkens?**

JENNIFER • Steffen, sowas fragt man nicht. Ich habe Faschismus gegoogelt, dann habe ich Faschismustheorie gegoogelt, Überblick, Definition, Merkmale, ideologische beziehungsweise kulturelle Dimension, Frankfurter Schule, Hitlerismus, »Extremismus der Mitte«, denn ich hatte Angst. ALLE haben ANGST. Holocaust! Holocaust! Sowas kannst du doch nicht fragen, Steffen, habe ich gedacht, also: sowas. Unterstellung habe ich gedacht, weil ich aus Sachsen komme, darauf werde ich nicht antworten, AUF GAR KEINEN FALL, ich hab' doch Tickets für die radikalen jüdischen Kulturtage im Gorki, denn eins steht fest, Steffen, dein Bild ist schief, aber es stimmt: Faschismus ist ein toxischer Nullpunkt und tolerierbar sind nicht mal die »Streichelzoovarianten«.

Dann habe ich Fabian gefragt auf diesem Festival präsentiert von www.post-punk.com. Ganz leise natürlich, weil krasses Tabu und Antifa-Patches neben uns und all das und 900 andere Menschen in dieser Großraumdisko mit der Großraumdiskokugel, alle stuck in den late seventies, eins im Outfit, eins im Herzen, denn alle Fans auch: Führerkult um Ian Curtis. Strobo, Bier, Epilepsie imitieren. Auf der Bühne trommeln sie im Stehen. Einen Marsch. WIR marschieren. Es spielt auch eine Band da, die GEWALT heißt, und genauso klingt. Geil. Sowas kann er doch nicht fragen, stimmt's, Magnetismus, das geht nun wirklich zu weit, habe ich geschrien und Fabian hat geantwortet: Magnetismus, klar, alle machen was zusammen und so. Aber das kannst du doch nicht sagen, habe ich gedacht, einfach so, das ist doch nicht dasselbe, wie.

Darüber redet man nicht, Steffen, zumindest nicht da, wo ich herkomme, da denkt man nämlich und schreibt dann Texte über das Gedachte, die alles sagen, was ist, und liest sie vor durchs Mikro mit Wackelkontakt, und alle nicken und sie lesen und ich nicke, und ich lese und sie nicken, und nichts ist falsch daran, wirklich nichts, nur bei der Frage, was werden soll, ist es leider »oh« schon so spät, und bei der nach dem Wie machen wir den Wein auf.

Aber warum nicht darüber reden, auch durchs Mikro am besten? Wir, und alle, die wir bei der »Triggerwarnung«-Lesung im K-Fetisch links und rechts neben dem Podest hocken und uns auf der richtigen Seite wähnen, mal ganz prinzipiell (ist ja auch so) und damit gut (ist nicht so), also verrate ich dir was, Steffen: *Dogtooth* ist mein Lieblingsfilm. Wieso, weiß ich nicht, aber ich vermute das Schlimmste. Oscarnominierte Faschismus-Allegorie, sagt www.filmgazette.de, und ich sage: Oh nein, so meine ich das doch gar nicht, ihr wisst doch, was ich meine, dass ich nur die Ästhetik mag, dass alles so schrecklich schön ist. Leni-Riefenstahlschön, schon klar, Steffen, du weißt, warum *Dogtooth* mein Lieblingsfilm ist. Du weißt, weswegen ich Angst habe. Wegen der Geste, aber auch wegen der Zerstörung hat Mads hier geschrieben, als es um was anderes ging, aber eben auch um die Geste und das Zerstören, also sag's mir, **Mads: Was tust du, um den Nazi in dir kaputt zu kriegen?**

MADS • Oh Jenny, das ist eine längere Geschichte, aber ich erinnere mich noch genau an die Worte, mit denen sie begann, vor fast 20 Jahren: »Hier. Marschiert. Der nationale Widerstand!« Ich sah aus dem Fenster und dachte, es wäre der Fernseher. Aber sie waren tatsächlich da. Es gab sie wirklich, diese Nazis. Ich hatte noch nie einen gesehen, bis zu diesem Sonntag, als ich von Fraktur-Chören aufgeschreckt auf den Balkon trat und eine spärliche Gruppe Faschos erblickte, die skandierend an unserem Haus vorbeizog. Am helllichten Tag. In Charlottenburg, 2001. Kann ja nicht sein. Wir waren hier doch nicht in Rostock-Lichtenhagen. Heute war doch nicht gestern. Und überhaupt: Da muss man etwas tun. Da muss sofort etwas getan werden. Da muss man jetzt hingehen und etwas sagen. Das wusste ich doch, dass das nicht geht: Nazis. Das ist nicht in Ordnung, gar nicht in Ordnung. Mit offenen Schnürsenkeln, einen Arm verirrt im Kragen meines Fishbone-Pullis stolperte ich die Treppe unseres

Hauses hinunter, bog in Schräglage aus der verkehrsberuhigten Spielstraße und heftete mich an die Demonstration.

Viel Polizei. Wenig Widerstand, überhaupt wenig Einwände von Umstehenden und Umwohnenden. Gefühlt nicht aus schweigendem Einverständnis, so wie heute häufig, sondern aus abwinkender Gleichgültigkeit. 2001 waren Nazis in Berlin kein Thema. Die waren gestern und woanders und Spinner und egal.

Horst Mahler lief vorn mit verbundenem Mund und hätte gern was gesagt, aber er durfte nicht, er hatte zu viel dusseliges Zeug geredet. Er, der letzte Beatmer einer versprengten Szene zwischen Dosenbier und Schreimusik, RAF-FDP-NPD-Horst-Mahler: die Verschlumpfung der ziellosen Empörung, er hätte gern noch was gesagt. Could not care less.

But I cared: Was sage ich jetzt? Was mache ich jetzt? Ich war allein. Zwischen mir und dem Sonntagsspaziergang dieses Häufchens raum-zeit-politisch Desintegrierter nur eine Reihe phlegmatischer Polizist*innen, in deren Augen noch die Saalwette vom Vorabend nachflimmerte.

Es platzte aus mir raus: »Nazis vor die Mauer. Bumm, Bumm, Bumm!« Woher hatte ich das? Keine Ahnung. Ab dann immer wieder. Immer und immer wieder. Ich konnte nicht aufhören: BUMM, BUMM, BUMM! Erschießen! Ja!!! Totmachen alle!!! Tod den Glatzen! Tod den Sonnenbrillen!

Drei Nazis lachten. Was war so lustig? Was sahen sie da gerade? Mich: »Bumm, bumm, bumm!« Die Pubertät brüllt heiser vom Straßenrand und droht mit dem Tod. Ja, na ja.

War das jetzt wirklich mein Rezept? Totmachen? War das verhältnismäßig? Klar, Nazis: grausam, Völkermord, Angriffskrieg, Folter und Qual, Vernichtung. Es gab da eigentlich kein Verhältnismäßig. Aber das waren ja nicht die Täter*innen, da an diesem Sonntag. Das waren Idiot*innen. Und selbst wenn. Wollte ich die wirklich erschießen? Ich selbst vor allem? Ich, in meinem Kapuzenpulli und den ausgetretenen Skater-Schuhen? Ich, dessen maximales Gewaltpotenzial bisher das Umstoßen von Sandburgen nicht überschritten hatte.

Ich schrie da nicht gegen die Nazis. Ich schrie für uns: Ihr seid nicht die Mehrheit. Die Mehrheit sind wir. Und ich schrie für mich: Ich bin links, ich bin kein Nazi. Erstens hatte man kein Nazi zu sein und zweitens Holocaust und drittens ist man halt kein Nazi. Aber ich musste schon schreien, um mir ganz sicher zu werden. Und es musste laut sein, denn da waren Zweifel, gar nicht mal so leise und die mussten weg, raus, fort, tot.

Ich bin in Berlin groß geworden. Ich hatte lange lockige Haare. Das war nachts in der U-Bahn ein Problem: »Mädchen! Schwuchtel! Scheiß Alman!« Das ist keine Sammlung. Das war eine standardisierte Argumentationskette. Ich hörte sie oft. Gut, wenn es dabei blieb. Sonst musste man rennen. Ich bin gerannt.

Die Hälfte meiner Klasse hatte einen Migrationshintergrund. Liebe Leute, meine Freund*innen, meine Besten. Keine Chance, auf falsche Gedanken zu kommen. Dort zumindest. Aber dann kamen die Abende, auf den Straßen, den Bahnhöfen: Aggression, Provokation, Gewalt. Und ihr Gesicht war immer ähnlich, ihr Zungenschlag. Das war die andere Seite der Migration. Klar konnte ich rational unterscheiden: Eine*r ist nicht alle, alle sind nur einzeln. Das war das Ideal, die Ratio.

Tatsächlich aber sah ich Menschen da draußen längst in Hautfarben, Haarfarben, Picaldi und Alpha-Industries.

Wo gibt's Stress, wo nicht? Das ist schnell gelernt, wenn die Motivation stimmt, zum Beispiel keins auf die Fresse zu kriegen.

Und mit der Selektion kommt die Wertung. Wer ist hier was wert? Für wen? Für die Gesellschaft zum Beispiel, die Gemeinschaft, die Solidarität? Was macht man gegen solche Gedanken, wenn sie kommen? Ich habe sie mir verboten, ich habe protestiert, sie angeschrien. Zwecklos. Immerhin, der Antifa-Aufkleber auf meinem Rucksack half eine Weile, fiel irgendwann aber auch ab, wie ein durchgesupptes Pflaster.

Ich dachte dann, es würde reichen, meinen inneren Nazi, diesen hässlichen Zwerg, er war ja nie groß, aber er war halt da, ich dachte, es würde reichen, ihn zu ignorieren, ihm nicht zuzuhören. Aber das verstand er schnell. Er schwieg und wartete auf seinen Moment. Und dann erwischte er mich kalt.

Die große Pause war vorbei, ich schleppte mich die breiten Stufen des historistischen Klotzbaus empor, der eigentlich ein Krankenhaus gewesen war, in dem viele verendeten, im Krieg vor allem, viele junge Menschen auch. Wie man sich erzählte, stünden auf dem Dachboden noch die blutigen Betten. Ein Ort, an dem heute Kinder auf das Leben vorbereitet werden sollten. Die Stimmung war geblieben.

Plötzlich, ein seitlicher Ruck, ich fiel, schlug schief auf, kurbelte mich die Treppe hinunter und blieb auf der letzten Stufe hängen. Ein Typ hatte mich umgetreten. Aus dem Nichts. Ich kannte ihn nicht. Er kannte mich nicht. Er fand es witzig. Ich sprang hoch, packte ihn, ich schrie ihn an: »Scheiß Untermensch!« Er erstarrte, alles erstarrte. Ich versank. Der Nazi in mir lachte.

Horror, geht gar nicht, geht in so vielerlei Weise nicht.

Der Typ war ein Arschloch, sicher, aber was soll das rechtfertigen? Ich sah in ihm kein Arschloch, ich sah seine Eltern und deren Eltern und ihre Brüder und Schwestern und Cousins und Cousinen und sie waren das Arschloch, sie alle, ein Volk der Arschlöcher. Ich hasste ihn nicht, ich hasste sie alle.

Es waren nur Sekunden, aber die Scham hält bis heute. **Kennst du diese Scham, Fabian?**

FABIAN • Ich musste schon eine Weile darüber nachdenken, komme aber zu dem Ergebnis, dass ich diese Scham nicht kenne – zumindest nicht so, wie du sie beschreibst, Mads. Gut verstehen kann ich, dass du dich schämtest, nachdem du »Untermensch« geschrien hast. Und weil du Menschen in Raster sortierst. Was ich nicht verstehe, ist, wie sich dein innerer Nazi an deiner Scham über all das erfreut.

Mein Kindergarten war in der Stadt. Das war ein großer Kasten aus den 1870er-Jahren, seinerzeit finanziert von einem wohltätigen Bankier. Als wir in die Neubausiedlung vor der Stadt zogen, hieß es dann aus der Familie, der Kleine könne ja jetzt in einer anderen Tagesstätte angemeldet werden. In der Stadt seien ja so viele Ausländer*innen. Oben wohnten die BASF-Vorstände, unten halt die anderen. Wir so dazwischen. Ich blieb in der Stadt. Dieser Kindergarten war für mich, was die Schule in Charlottenburg für dich war, Mads. Viele Kinder hatten Eltern, die als Einwander*innen nach Deutschland gekommen sind.

Im Nachhinein bin ich sehr froh, dass mich meine Eltern in diesem Kindergarten gelassen haben. Wenn damals jemand Scheiße baute, wenn es Ärger untereinander gab, war es egal, wie man aussah, welche Hautfarbe man hatte. Als kleines Kind denkst du nicht darüber nach, ob es etwas mit den Eltern oder der Kultur der anderen zu tun hat, wenn du dich mit anderen wegen eines Tretrollers in die Haare kriegst. Einmal musste ich nach dem Kacken eine Stuhlprobe nehmen, für die Kinderärztin. Ernsthaft, meine Mutter gab mir diese Röhre und das lange Löffelchen mit in den Kindergarten. Vielleicht, weil wir gleich danach damit zur Ärztin wollten, oder so. Ich saß also auf dem Klo, drückte und war schon ganz nervös wegen alledem, als plötzlich vier Jungs die Tür aufrissen und mich gellend auslachten. Wütend war ich, aber es war mir scheißegal, dass da nun Adnan und Yunus dabei waren. Es war nicht anders, als wären es Markus und Martin gewesen.

Im Gymnasium beschlich mich dann das Gefühl, dass insgesamt was nicht stimmt. In meiner gesamten Zeit dort gingen sage und schreibe zwei Jungs mit türkischen Eltern auf meine Schule. Einer war aus dem Kindergarten und der ging nach der Mittelstufe, glaube ich, und der andere war drei Stufen über mir. Der schaffte das Abi. Zwei Jungs. In knapp acht Jahren.

Mit sieben ungefähr hatte ich auch erste Berührungspunkte mit einem echten Nazi. Er nannte sich ernsthaft Adi. In dieser Zeit wohnte ein Cousin für eine Weile bei uns. Das war cool, weil wir zusammen mit dem Mofa durch die Weinberge gurkten und weil er mir Techno zeigte. Nur Adi war ein rotes Tuch. Meine Eltern wussten von ihm und haben meinem Cousin den Umgang strengstens verboten. Eines Samstagabends, da waren sie unterwegs, und mein Cousin sollte auf mich aufpassen. Da klingelte es an der Tür. Adi war da. Ich weiß nicht mehr genau, was er wollte. Ich weiß aber noch, dass mein Cousin irgendetwas an ihm fand, dass er aber eigentlich viel zu schlau war, um auf Adis Quatsch hereinzufallen.

Adi sprayte wohl ab und zu irgendwelche Graffitis in der Stadt. Mehr wusste ich damals nicht über ihn, er war einfach ein Dude mit einem für sein Alter ganz ordentlichen Schnauzer. Ich glaube, er hatte eine Bomberjacke. Jedenfalls war das alles nervenkitzelig, als wir im Dunkeln zu dritt durch die Nachbarschaft spazierten. Es war dabei aber auch unspektakulär, daran erinnere ich mich, niemand kam uns entgegen, es war still, spät, es passierte: nichts. Adi hatte nichts Anziehendes, er war kein aufregender Typ. Vielleicht wollte er meinen Cousin in seine Nazischeiße mit reinziehen, hat aber meines Wissens nach nicht funktioniert. Das also war mein erster echter Nazi. Der ausländerfeindliche Adi, dieser westdeutsche Provinzfascho, das verdrängte Böse der alten Bundesrepublik, das es gar nicht geben durfte.

Bei mir zu Hause allerdings gab es oft Stress, Schlägereien mit allen möglichen Menschen. Oft waren aber »die Türken« (also: Türken, Libanesen, Palästinenser usw.) oder »die Russen« (also: Russen, Polen, Kroaten usw.) mit dabei. Die deutschen Jungs, die mitgemischt haben, waren für uns halt ziemlicher Abschaum. Und alle haben wir sie über einen Kamm gebürstet, weil sie zusammen anderen Leuten den Oberschenkel durchgetreten haben oder so. Dafür schäme ich mich im Nachhinein schon auch. Wir haben eben nicht differenziert, nicht mal überlegt, ob die Jungs alle irgendeine Scheiße zu Hause durchmachen und so. Ob sie selbst vielleicht als Kind dauernd die Fresse voll bekommen haben.
Alter, das wird mir alles zu dark jetzt. Steffen, kannst du über Rechte lachen?

STEFFEN • Zu dark, ja, Fabian? Wirklich? Ich weiß nicht, ich sprach hier schon meine Eltern frei, Jenny gibt eine kuschelige Antwort auf die Frage, was am Faschismus fasziniert, du bist sowieso scheinbar post-Kollektivschuld-issue. Während das »Deutsche Haus«, diese kleine Nazi-Melde-Kolumne der *Jungle World*, jede Woche aus seiner dünnen Spalte platzt, weil es so viele rechte Attacken auf Linke, Schwule und Lesben, Menschen mit Trans-Identität, Menschen of Color gibt, ist es bei uns im Buch hier doch himmlisch! Und mir traut sich ja auch noch immer niemand die Frage zu stellen, wie, an welcher Stelle eigentlich meine poststrukturalistische Holocaust-Apologetik scheitert, die ich oben anriss – das wäre dark. Und die Wirklichkeit ist es sowieso.

Ich weiß nicht, ob man über Nazis lachen darf. Intuitiv: ja, of course. Ein wenig differenzierter: Über historische Nazis sowieso, über die neuen, wenn das Lachen nicht vom Standpunkt eines Klassenkampfs von oben stattfindet, also: Wenn es nicht darum geht, über schlechte Schreibe, Dialekte, über das Stadt-Land-Gefälle, den Ost-West-Gap oder schlicht über bildungsferne Dummheit zu lachen. Man sollte, finde ich, immer von unten nach oben lachen. Das Gute: Das schließt in meinem Fall einen Großteil der AfD-Anhänger*innen und Pegidist*innen mit ein.

Also: Ich fühle mich ein bisschen schlecht dabei, über einen Dorfnazi zu lachen, weil ich vermutlich nicht über sein Nazisein lache, sondern über sein gesellschaftliches Abgehängtsein, in das das Nazisein schon quasi inkludiert ist. Aber ich kann über die jämmerlichen Entschuldigungen von Reinhold Beckmann oder Lars Fleischhauer, warum sie mit den Nazis Matthias Matusseks Geburtstag gefeiert haben, lachen. Oder darüber, dass Alexander Gauland in Potsdam durch den inglorious Badesee-Klamotten-Klau in seiner Würde verletzt wurde, insofern er einen kurzen Privatweg zu seiner Villa halbnackt zu Fuß zurücklegen musste. Vermutlich sind auch viele Nazis alte Menschen mit zerfallenden Körpern, die jeden Tag spüren, wie es schlechter geht, mit dem Pissen und dem Schlucken und wie der Tod näher rückt und ich bin hier ein kaltes, empathiefreies Arschloch, fair enough.

Andererseits sorgten und sorgen (heute überwiegend) junge Nazis, ideologisch beschirmt von eben diesen alten Nazis, immer wieder dafür, dass viele Menschen dieses Gefühl nie erleben können. Christopher W. zum Beispiel, dessen Mord im April 2018 in Aue in diesen Wochen vor Gericht verhandelt wird: »Die Szenen, die in der Verhandlung geschildert werden, machen viele Zuhörer sprachlos. [Die Aktivistin der Opferberatungsstelle RAA Sachsen, Anna] Pöhl nennt das, was sich in der Kleinstadt zutrug, eine »folterartige Hinrichtung«.

Anlass dafür war offenbar vor allem die sexuelle Orientierung des Opfers. Der 27-Jährige war homosexuell. »Du Schwuchtel! Ich ramme dir eine Flasche in den Hals«, soll einer der Täter gedroht haben, der im Prozess ein deutlich homophobes Menschenbild offenbart habe. Zudem haben er und seine Mittäter eine rechtsextreme Gesinnung, wie teils durch Vorstrafen, teils durch Tätowierungen, Musikvorlieben und favorisierte Internetseiten belegt ist«, schreibt Hendrik Lasch im *Neuen Deutschland*. Ich glaube, sich hier bloß über die miesen Texte des Nazi-Liedermachers Frank Rennicke und schlecht getroffene Eiserne Kreuze auf schlecht rasierter Brust lustig zu machen, ist vielleicht nicht die geilste Gegenwehr, nach Aue fahren und die lokale Antifa beim Präsentsein und Hausmacht-Aufbauen zu unterstützen vielleicht schon.

Aber die Frage ist natürlich eigentlich: Wie kann man über die Nazi-Ideologie lachen, ohne sich nur über den Nazi-Habitus lustig zu machen? Wo nämlich der Habitus ja schon der frühen völkischen Bewegung mit ihrem Kitsch-Germanentum bis zum Fake-Trachten-Jancker über Bierbauch heute unendlich lachhaft ist, während die Ideologie halt einfach null Witzpotenzial hat.

Zumindest, solange man nicht verdrängt, was in ihrem Namen geschehen ist. Andernfalls ist es natürlich lächerlich: Erwachsene Menschen, die glauben, ein paar durchtriebene Menners auf Friedhöfen bestimmten das Schicksal der Welt? Oder zu glauben, dass die Miete hochgeht, liege an irgendeinem Sans-Papier mit Kind auf dem Arm? Oder, dass man Texte nicht mehr lesen kann, wenn ein Sternchen drin vorkommt? Das ist alles sehr lachhaft, ganz unabhängig von Bildung und Grammatikkenntnissen.

Und wäre es da konsequenter, gar nicht zu lachen? Oder nimmt man sich so doch eine Waffe? Ist Klassenkampf von oben halt doch okayer im Vergleich zum Rassenkampf von rechts, der durch harte gesellschaftliche Verächtlichmachung bekämpft werden kann? Ist Humor der billige, der sehr billige Beitrag der Großstadt-Intelligenzija zum Knochenjob der Vorstadt-Antifa? Ist es eigentlich nicht eh scheißegal, weil wir im Grunde in den Anfängen eines latenten Pogroms stecken und jeder Gegenwind gegen rechts erstmal richtig ist? Ach, ich weiß es nicht, und to be honest, ich schäme mich dafür, es nicht zu wissen. Und ich fahre morgen trotzdem nicht nach Aue, wissen wir ja eh.

Was die »echten« Nazis angeht, hat sich der Diskurs tatsächlich rabiat gewandelt, glaube ich. Erinnert ihr euch noch an diesen Film von Dani Levy, *Mein Führer – die wirklich wahrste Wahrheit über Adolf Hitler*, mit Helge Schneider in der Hauptrolle, 2007? Das Feuilleton ist eskaliert, als hätte es nicht Hitler-Parodien gegeben, seit es Hitler gab, von Chaplin bis Louis de Funès … Heute ist Hitler allgegenwärtig wie seit 1942 nicht mehr, und nicht mehr nur nachts als Pappkamerad in der Panzerkriegsdoku, sondern als Fixpunkt der Popkultur.

Trotzdem: Ich bin nicht in der Position, zu bestimmen, ab wann ich über Hitler lachen darf. Ich, also ich als ich jetzt, komme aus einer Täterfamilie, ich wurde nie von Hitler bedroht und wäre auch heute von Hitler nicht bedroht, mir steht es nicht zu, zu entscheiden, ob Hitler jetzt primär lachhafte Gestalt ist oder Mörder, und wie man es schafft, beides auszubalancieren. Ich würde diesen Humor nicht verteidigen, wenn eine Person aus einer potenziellen zukünftigen oder real-historischen von Nazis bedrohten Gruppe das für kontraproduktiv oder bösartig hielte.

That having been said: Ich bin in Montage-Stimmung. Ich war gerade im Literaturmuseum in Marbach am Neckar, da stellen die einen Brief aus, in dem sich Hitler bei Ernst Jünger bedankt, und außerdem macht sich eine Objektbeschreibung über Jünger lustig, zu einem Notizbuch, in das er einen grotesk dangerous aussehenden Schlangenkopf zeichnete, und darunter steht: »Schlange, die Ernst Jünger gesehen haben will.« Das fand ich einen gelungenen postumen Diss. Guck, über den Nazi kann ich jetzt lachen! Vor allem zeigen die, wie geil diese ganzen Manuskripte aussehen, vollgeklebt, reingeschnipselt, Papier halt. Ich immerhin: Hier, Wikipedia, »Liste wichtiger Politiker und Funktionsträger der NSDAP«, dazu subjektive Wertung. Kann man lachen?

Martin Bormann (1900–1945), Leiter der Parteikanzlei der NSDAP mit den Befugnissen eines Reichsministers
Böser Dude, kein hohes Witzpotenzial.

Hans Frank (1900–1946), ab Oktober 1939 Leiter des »Generalgouvernements«
Dummer Name, richtig krass fieser Typ, der es aber geschafft hat, dass ihn niemand kennt: erfolgreicher Massenmörder, aber PR-Fail. Mit Witzpotenzial vor allem seine Hinwendung zum Kitsch-Katholizismus, als er in Nürnberg vor Gericht steht: Dieses sei »ein gottgewolltes Weltgericht, das bestimmt ist, die schreckliche Leidenszeit unter Adolf Hitler zu untersuchen und zu beenden«, schreibt er. Sein Sohn schreibt später zu diesem servilen Quatsch: »Schmierenkomödie.«

Joseph Goebbels (1897–1945), ab 1933 »Reichsminister für Volksaufklärung und Propaganda«, im April/Mai 1945 für zwei Tage Reichskanzler
Traurige Gestalt mit von der Nachwelt brutal überschätzten rhetorischen Fähigkeiten. Traditionell eine der am häufigsten als Nazi-Witzgestalt benutzten Nazi-Verbrecher, vermutlich vor allem der Prominenz geschuldet, die er im Regime hatte, ihm inhärentes Witzpotenzial aber eigentlich nur für Ableist*innen. Die Nachkommen verklagten 2010 den Verlag einer Goebbels-Biografie auf 6507,87 Euro wegen Verwendung von Goebbels-Zitaten und lehnten ab, das

Geld für gemeinnützige Zwecke zu spenden. DIE Komödie würde ich mir anschauen.

Hermann Göring (1893–1946), preußischer Ministerpräsident und preußischer Innenminister, Reichsluftfahrtminister, Reichsforst- und Reichsjägermeister, »Reichsmarschall«
Wenn sich selbst in der von dir gleichgeschalteten Gesellschaft alle über dich lustig machen (»Rechts Lametta, links Lametta, und der Bauch wird imma fetta«), bist du vermutlich eine lächerliche Type (»Lametta-Heini«). Wobei der Glam-Rocker (»Hermann Meier«) unter den Braunen im Grunde nur verlacht wurde, weil die Deutschen ein brutal homophobes Volk sind, von dem alle post-toxischen Männlichkeitsentwürfe abgewehrt werden müssen. Darüber, dass er sich die Fingernägel lackierte, will ich nicht lachen – bliebe also, dass er sich einen offenkundig gefälschten Vermeer hat aufschwatzen lassen. Haha.

Rudolf Heß (1894–1987), von 1933 bis 1941 »Stellvertreter des Führers« (in der Partei)
Von der Lachhaftigkeit der ersten Riege der Nazis berichtet Albert Speer aus der Haft Mitte der 1950er in seinen *Spandauer Tagebüchern*: »Neuerdings zeigt Dönitz seine Verärgerung über die Vorzugsbehandlung von Heß, indem er vom ›Herrn Baron‹ spricht. In den letzten Tagen hat er sogar die Gewohnheit angenommen, sich zehn Schritte vor Heß hinzustellen und ihn minutenlang zu fixieren. Manchmal stelle ich mich dann neben Heß und fixiere ihn meinerseits, worauf er mit dieser Ungezogenheit aufhört.« Von der Weltherrschaft zum Schulhofmobbing in gerade mal einem verlorenen Weltkrieg!

Reinhard Heydrich (1904–1942), Leiter des Reichssicherheitshauptamts (RSHA) und Stellvertretender Reichsprotektor in Böhmen und Mähren
Arschloch, das an seinem dummen Männermut tragikomisch zugrunde ging: Ein Attentäter lauert in Prag Heydrichs Wagen auf, in einer Haarnadelkurve, und zielt aus kurzer Distanz. Das Maschinengewehr hat allerdings Ladehemmungen. Und Heydrich, der Depp? Statt aufs Gas zu drücken, will er den Attentäter persönlich stellen, lässt den Wagen anhalten. Mit der Granate von links hat er ja nun wirklich nicht rechnen können!

Heinrich Himmler (1900–1945), Reichsführer SS ab 1929, Chef der Deutschen Polizei ab 1936, Reichskommissar für die Festigung deutschen Volkstums ab 1939 und Reichsinnenminister ab 1943
Hannah Arendt sagt: normaler Spießer! Was soll es da also zu lachen geben? Well, der KZ-Organisator (»Reichsheini«) hat immerhin hart einen an der Klatsche, Germanen-wise, und mystikte sich jahrelang gut einen ab auf irgendwelche Fake-Könige aus dem 11. Jahrhundert.

Adolf Hitler (1889–1945), ab 1921 Vorsitzender der NSDAP, ab 1933 Reichskanzler und ab 1934 »Führer und Reichskanzler«
Schon relativ lame (Goebbels!, hihi), sich über die sexuellen Vorlieben von Menschen mit offenkundiger Störung lustig zu machen, aber dass der einzige Bericht über einen Orgasmus dieses Sondermülls von einem Dude von der Schauspielerin Marianne Hoppe stammt, die von einer gemeinsam besuchten Vorführung eines Luis-Trenker-Films

berichtet, in dem aufrechte Tiroler napoleonische Franzosen vertreiben, ist schon amüsant: »Und da, glaube ich, kriegte Hitler eine Art Erregung und hat so die Knie gerieben bei diesem Ereignis, wie die Steine da runterrollten auf die Franzosen drauf, und hat gestöhnt. Ich weiß nicht, ob er verrückt war, aber da kriegte er so eine Art Orgasmus, sagen wir mal.« Hitler wichste mit Kniffen in den Oberschenkel zu Luis Trenker. Witzpotenzial: Schnäuzer!

Joachim von Ribbentrop (1893–1946), Reichsaußenminister
Galt bei seinen Zeit- und Hassgenossen als völlig eigenschafts- und qualitätsbefreit und war selbst in der Community der Nürnberger Angeklagten verhasst. Gag-Potenzial: zero.

Ernst Röhm (1887–1934), langjähriger Leiter der SA, ermordet am 1. Juli 1934. Wegen angeblicher Putschpläne ließ Hitler ihn verhaften und in München-Stadelheim von SS-Unterführern ermorden
Nicht witzig, aber immerhin somehow ironisch, dass Röhm schon 1928 eine Autobiografie mit dem Titel *Geschichte eines Hochverräters* schrieb. Ansonsten hat Röhm es geschafft, als schwuler »linker« Nazi bis heute von Relevanz für die Neue Rechte und Querfront zu sein, was ihn zu gefährlich macht, als dass ich über ihn lachen könnte.

Alfred Rosenberg (1893–1946) »Chefideologe« der NSDAP, Reichsminister für die besetzten Ostgebiete während des Zweiten Weltkriegs
Wie, die Ideologie ist nicht zum Lachen? »Hold my beer«, sagt Rosenberg: »Seele aber bedeutet Rasse von innen gese-

hen. Und umgekehrt ist Rasse die Außenseite einer Seele«, schreibt der weitgehend ungelesene »wichtigste Theoretiker« der Nationalsozialist*innen. *Der Mythus des 20. Jahrhunderts* ist so krude, dass unmittelbar nach Entstehen selbst ein Haufen katholischer Theologen ihn für das fehlende Verständnis dessen, was wissenschaftliches Denken ist, auseinandernimmt.

Baldur von Schirach (1907–1974), Reichsführer NSDStB, Reichsjugendführer der NSDAP, Gauleiter und Reichsstatthalter in Wien

Weil er nur etwa 185 000 Menschen deportierte, ist der süße von Schirach in dieser Runde schon einer der good guys. Auch der SS in den Kämpfen um Wien im April 1945 den Kampf bis zum letzten Mann aufzugeben und dann selbst über die Donau zu flüchten und mit gefälschten Papieren für die US-Army als Dolmetscher zu arbeiten, ist eher gehobene Nazi-Standard-Peinlichkeit. Darum liebt Deutschland seine Schirachs schließlich bis heute und bescherte den schreibenden Enkel*innen Ariadne, Ferdinand und Benedict (Wells) Bestseller um Bestseller. Der entfernte US-Verwandte Otto von Schirach, ein DJ, tritt hingegen bisweilen als Otto von Schitpiss auf. Humorvoller wird's hier leider nicht.

Arthur Seyß-Inquart (1892–1946), Reichsstatthalter von Österreich, Reichskommissar in den besetzten Niederlanden

Arthur who? Allenfalls als PR-Fail lachhaft, aber zu geringe Fallhöhe.

Albert Speer (1905–1981), Reichsminister für Rüstung und Kriegsproduktion
Stell dir vor, du baust eine Welthauptstadt, mit gigantischen Kuppelbauten, Prachtstraßen, Triumphbögen, Sichtachsen, die den Park von Versailles wie einen Dschungel wirken lassen würden – und alles, was davon umgesetzt wird, ist ein Betonklotz auf einer Brache neben den S-Bahn-Gleisen: Voilà, Albert Speer!

Statt über Nazis: Mads, ich will von dir wissen, wie es war, als du mit den Nazis gelacht hast. Nein, das ist ja auch falsch. Aber: **Erinnerst du dich an einen Witz, der so grundfalsch war, rassistisch, homophob, misogyn, antisemitisch, dass er dir bis heute unangenehm ist, Mads?** Ich will nicht, dass du den Witz reproduzierst. Ich will, dass du mir berichtest, wie du dich heute damit fühlst, dass du so einen Witz erzählt hast.

MADS • Lieber Steffen, mich befremdet ein wenig, wie selbstverständlich dir ist, dass ich einen solchen Witz mal erzählt habe. Erst recht, da ich ja keine Witze erzähle. Höchstens mal, wenn ich versuche, lustig zu sein, klopfe ich Sprüche. Aber gut, wir kennen uns ja nun schon eine Weile und natürlich hast du recht. Wahrscheinlich warst du gar dabei, als ich einen solchen Spruch gebracht habe. Vielleicht hast du sogar darüber gelacht. Vielleicht hast du beim Lachen auch deine Augenbrauen zu diesem mitleidigen Blick zusammengezogen, der die unbeantwortbare Frage stellt: »Really, Mads?« Irgendwie kommt mir dieses Bild bekannt vor.

Ich weiß, dass ich viele dieser Sprüche gemacht habe. Die

meisten habe ich vergessen. Ich halte sie auch nicht für erinnernswert und ich halte sie auch nicht für schämenswert. Das kann ich erklären. Zum Thema Witz bin ich theoretisch ganz gut aufgerüstet, da habe ich gelesen. Ursprünglich nicht, weil ich mich rechtfertigen musste, aber ein bisschen Theorie kommt mir jetzt trotzdem zu Passe:

Ein Witz, so hat Freud sich das überlegt, ist die spontane Verschiebung von Sinnebenen. Wenn unsere Nachbarin eine Gurke in der Hand hat und mein Onkel meint: »Na, schön mal wieder so wat Festet inne Hand zu haben, wa?«, dann ist das eine Verschiebung der Sinnebenen von Gemüse auf: ja, na ja. So viel also zu meiner humoristischen Heritage. Darüber lachte die Familie. In Berlin ist eh klar, es gibt keine Schamgrenzen: Humor ist ein Unterbietungswettbewerb, ein race to the bottom sozusagen. Ich trat das Gaspedal.

Denn man muss schnell sein und tief fallen. Das macht einen Witz witzig. Und natürlich die Evidenz. Die Sinnverschiebung muss spontan kommen, auf eine unerwartete Ebene führen und sofort einsichtig sein. Soweit das Erfolgsrezept, bitte schön. Ist in der Praxis aber natürlich nutzlos. Entweder man denkt immer schon in anderen Sinnebenen (Geschlechter, Geschlechtsteile, Geschlechtsverkehr) und findet die dann überall wieder (Obst, Gemüse, Rohrleitungen, Weihnachtsessen …) oder nicht.

Wenn man einen Witz macht, der, wie du sagst »grundfalsch« ist, »rassistisch, homophob, misogyn, antisemitisch« and all the sins of humankind. Dann muss man auch erstmal in diesen Kategorien denken. Die müssen mitlaufen, damit man Bezüge findet, die sich verwitzeln lassen. Es läge also nahe, jeder und jedem, die*der solche Witze macht, zu unterstellen, sie*er würde unter derlei Kategorien ihre*seine

Umgebung bewerten oder besser: entwerten. Und meistenfalls stimmt das auch.

Aber nicht immer. Nicht jeder Judenwitz wird von Nazis, nicht jeder Schwulenwitz wird von Homophoben erzählt. Denn es könnte auch sein, dass die Sinnebene, auf die der Witz verweist, in ganz anderen Kategorien operiert, nicht in rassistischen oder schwulenfeindlichen, und trotzdem derlei Pointen ausspuckt. Denn wirklich witzige dunkle Witze sind nicht lustig, weil sie diskriminieren, sondern weil sie geschmacklos sind.

Sie laufen nicht über die Fallhöhe eines Mario-Barth-Gags: »Kennste, Kennste!«, der Klischees als Zielebene nutzt, weil er sich als Aufklärer gibt, als Augenöffner: »So isset wirklich.« Dunkle Witze laufen über ihre Abgründigkeit, raffinierte Menschenverachtung, die völlig entinhaltet nur noch verboten ist. Harald Schmidt, schwer erträglicher Zyniker aus heutiger Sicht, aber er war natürlich so einer und die 90er waren ja auch so. Seine Witze kamen immer mit den listig verkniffenen Augen: »Ups, habe ich das gesagt?« Als hätte er gefurzt. Mit Harald Schmidt hat man nicht über Frauen, Ausländer*innen und Behinderte gelacht, man hat darüber gelacht, dass man über sie nicht lachen darf.

Deshalb kann ich sagen, dass ich nie mit Nazis gelacht habe und nie mit Mario Barth. Ich kann über Klischees nicht lachen. Über Tabus jedoch ganz prächtig. Da stimmt die Fallhöhe für mich. Das macht mich glücklich. Solche Witze erzähle ich gern. Und, keine falsche Bescheidenheit: Ihr habt doch auch alle immer mitgelacht. Gerade bei meinen fiesesten Sprüchen!

Da habe ich mich doch wunderbar rausargumentiert, hier. Vom Nazi-Kollaborateur zum Verteidiger des freien Wortes, des liberalen Diskurses und des Humors. Alter Move, gern auch von Freizeit-Nazis adaptiert, Mattussek und so weiter, also Leuten, die so tun, als ginge es um Tabus, dabei geht es um ihren Penis. Und der ist kein Tabu, der interessiert nur niemanden.

Anyway, »ich hab nix gegen Ausländer«, aber man wird doch wohl mal drüber lachen dürfen. Deshalb schäme ich mich für die meisten bösen Witze nicht. Blöd nur, dass ich mich für einige doch schäme. Und für die umso mehr. Denn natürlich geht die scheiß Patience nicht auf. Natürlich gibt es keine Meta-Witze, die nicht doch noch Kacke am Schuh hätten, die stinkt, die Schlieren zieht, die man mit in die Wohnung trägt, auf die man angesprochen wird, die nicht rausgeht, die trotz aller Ausreden bleibt, was sie ist: Scheiße.

Ich weiß noch, wie er sich auf der Mitte der Straße nach mir umdrehte. Man sah ihm die Mühe an, die es ihn kostete, mir einen strafenden Blick zuzuwerfen. Aber die Kränkung, die Trauer, ließen sich nicht ganz hinter den zwei zitternden Zornesfalten verbergen. Dann ging er schnell weiter. Und ich wusste, ich hab da gerade was kaputt gemacht. Für ihn ein bisschen. Wahrscheinlich hatte er schon Ähnliches gehört, mit seinem knielangen weißen Oberhemd, dem dichtdunklen Bart, der zierlichen Kopfbedeckung. In Thüringen. Sicher. Viel mehr aber für die Gesellschaft, für das Projekt Respekt und Gemeinschaft.

Sollte dieser Mann sich entgegen der täglichen Widerstände noch einen Rest an Mühe reserviert haben, sich als Teil dieser Gesellschaft wahrzunehmen, auch seinen Glauben als Teil dieser Gesellschaft wahrzunehmen, dann ist das jetzt wahrscheinlich passé. Und, um fucking Gottes Willen, das wollte ich nicht.

Er hat den Witz nicht verstanden. Nein, natürlich nicht, wie auch. Wie soll er denn über meine Tabus, meine abwegigen Furzwitze lachen? Für ihn war mein Spruch über die Taliban nicht abwegig, das war die Sinnebene, auf der die meisten Menschen ihn wahrscheinlich allein wegen seines Bartes verorteten, das war ihm sicher klar, glasklar. Das war für ihn nicht witzig, sondern tragisch. Für mich hätte es witzig sein sollen, weil ich es abwegig fand, absurd und verboten. Aber der Witz missglückte mir, er traf daneben, landete auf der falschen Ebene. Ich fand ihn nicht lustig, meine Gesprächspartnerin nicht und scheiße, dieser Mann natürlich schon gar nicht. Und zumindest Letzteres war mir vorher klar und deshalb sollte er den Witz auch nicht hören.

Nicht, weil ich hinter seinem Rücken über ihn lachen wollte, sondern weil ich wusste, für ihn sind meine Worte kein Witz. Für ihn sind meine Worte nur die Bestätigung der Ahnung, dass er hier keinen Platz hat, keinen Respekt, keine Solidarität, keinen Status als Gesprächspartner, als Freund, als Familienmitglied, als Bürger, als Held, als Individuum. Aber irgendwie war ich zu laut, oder der Wind stand ungünstig oder der Bus hielt an der Ampel und verschnaufte. Auf jeden Fall hörte er meine Worte.

Dafür schäme ich mich. Oft, immer wieder schäme ich mich dafür. Ich habe häufig darüber nachgedacht, ob ich hätte hinterherlaufen sollen. Vielleicht hätte ich mich entschuldigen können und dann würde ich mich heute weniger schämen. Aber für diesen Mann hätte das wohl kaum einen Unterschied gemacht. Vielleicht hätte es seine Kränkung noch vertieft.

Am Ende liegt hier wohl die Antwort auf deine Frage, Steffen: Ich habe nie mit Nazis gelacht, aber über diesen

Witz hätten sie wohl mit mir gelacht. Auch ohne mich. Man muss also nicht nur witzig sein wollen, man muss es auch können.

Hey Jenny, kannst du über Ossiwitze lachen?

JENNIFER · Jedenfalls lache ich immer noch richtig laut über deine Frage, Mads – den kannte ich noch nicht.

Im Ernst, ich wollte ja, Mads. »Was behalten wir, was vergessen wir, was verdrängen wir?«, war der Anfang einer Antwort. Als ich merkte, dass ich nicht kann, jetzt, hier. Dass du so »Hey Jenny«-beiläufig eine Sache berührst, von der ich selbst nur ahnte, dass sie mich dermaßen anfasst, dass ich irgendwann damit beginnen muss: Aufarbeitung, sowas. Kein Thema, dachte ich, kein Ding. Jahrgang 1988, dachte ich, gerade pünktlich zum Vorglühen für die Abrissparty. Neustart, was soll da schon hängen bleiben außer Träume von DEFA-Märchenfilmen?

Dann bin ich nach Berlin gezogen, Neukölln, klar, und Dinge begannen mir aufzufallen, weil sie anderen auffielen. »Sagst das ja komisch, kommst wohl aus Dresden.« »Machst das ja komisch, kommst wohl aus Chemnitz.« »Bist ja komisch«, und ich begann, mich komisch zu fühlen, falsch, »Ossi«. Und dann dieses Buch hier und wie ihr euch ganz anders erinnert, ganz anders erzählt von: Nazis. Deswegen brauche ich Infos, ich brauche Mut und die richtigen Momente, um anderen Menschen Fragen zu stellen, Menschen, die mir Dinge mitgegeben haben, die hängengeblieben sind. Menschen aus dem Osten, Mads. Fragen wie: Papa, du als Journalist …? Fragen wie: Mama, du als Lehrerin …? Wie: Warum kauft ihr das Obst immer stiegenweise? Und vielleicht auch: Könnt ihr über Ossiwitze lachen? Mads, was soll damit eigentlich gemeint sein: Ossiwitze? Ich muss da selbst erstmal Antworten sammeln, weshalb ich ganz froh war, dass mir etwas dazwischen kam, und davon möchte ich dir gern berichten:

Es gibt eigentlich nur eine Sache, die ich mehr über habe als Ossis, die Honeckerwitze machen oder Wessis, die Ossiwitze machen, und das ist Dirk von Lowtzow, der Toco-Dirk, der Dirk aus Offenburg (* 1971), wie er Witze über sich selbst macht. Was behalten wir, was vergessen wir, was verdrängen wir, frage ich mich, aber nur ganz kurz, und bevor ich weiterfragen kann, geht das Licht aus und ich falte mich in einem Armlehnensessel in der Loge, 2. Reihe links des HAU1 zusammen – sprachlich echt für die Tonne jetzt, muss aber, denn gemeint ist hier das Gegenteil von: entfalten. In Theatern darf man nämlich alles sein, nur nicht man selbst, und noch weniger, wenn man als Zuschauerin ohne fandommäßige Daseinsberechtigung, weil man eben nur so reingestolpert ist, weil man sowieso in der Gegend war und M. eine Karte übrig hatte für 15 Euro, die wahrscheinlich mal 25 waren, jetzt drin sitzt eben und diesem Dirk zuschaut, der das mit dem äußeren Druck, nicht er selbst sein zu dürfen, aus dem inneren Druck heraus, eine Dirk-von-Bühnen-Personality sein zu wollen, perfekt in sein schizophrenes Ich integriert zu haben scheint, und den Druck in alle Richtungen, den ihm das bereitet, in meine Richtung entweichen lässt, indem er permanent über sich redet, und zwischendurch Musiker (kein Sternchen) zitiert, denen er nicht gewachsen ist, weil ihnen niemand gewachsen ist, Neil Young zum Beispiel. Das ist wirklich nicht Ihre Schuld, Dirk, der Sie, wie alle wissen, die diese Wochenzeitung lesen (*Die Zeit*), die Fridays for Future (erinnert sich noch jemand?)

und Pegida (erinnert sich noch jemand?) auf dem »Demo«-Titel in ein und dieselbe Aufzählung packen, niemanden mit Ihrem »Privatleben belästigen« wollen. Also nicht Ihre Schuld, Dirk, wirklich, aber Ihre Schuld ist, dass Sie es trotzdem versuchen, Neil Young jetzt, und dabei an einem Tisch hocken, auf dem kein Wasserglas steht, eins für Wein meinetwegen, wie es für Lesungen von richtigen Schriftstellern üblich ist, sondern eine Minionsfigur, immerhin vollkommen ironiefrei, was ich Ihnen hoch anrechne.

Ich fühle mich bedrängt von allen Seiten und von vorne belästigt wie seit der »Lesung« von Jochen Distelmeyer, dem Blumfeld-Jochen, Jochen aus Bielefeld (* 1967) nicht mehr, Sie kennen sich, dass Sie sich mögen bezweifle ich, aber selbst er hatte eins, Wasserglas mit Wein (Korrektur bezüglich der richtigen Schriftsteller), und deswegen zähle ich die Gipsbalken an der Decke, während M. neben mir erst die Minuten zählt, dann die Sekunden und dann nur noch von 100 rückwärts in Siebenerschritten, weil der Druck in seiner Blase allmählich stärker ist als alles, was Dirk auszuhalten je im Stande war. Fantasiere ich, aber nicht allzu lange, dann erzählt er es ja doch wieder selbst in dieser Anekdote über seine Nacht als volltrunkener Bettnässer in irgendeiner Jugendherberge, lass es ein Hostel gewesen sein, jedenfalls was ähnlich Billiges wie seine Pointen. Ich zähle also 25. Und auf dem zwölften Gipsbalken tanzt ein Licht, während Dirk Hüsker Dü in der Überzeugung covert, er dürfe das. Ich finde das krass und frage mich, aus welchem Grund mehr. 1. Weil ich das auch gern könnte? Oder 2. Weil ich es traurig finde? Gefühle mischen sich ja häufig, ich glaube, so ein Moment ist das gerade. Cocktail.

Ich merke, wie der Fluchtimpuls einschießt. Ich muss

jetzt ganz dringend weg, M. ja auch, nur aus anderen Gründen. Aber M. sitzt mittig, ich noch mehr und was uns jetzt bleibt, ist, was immer bleibt, wenn der Leidensdruck zu hoch wird: Dissoziation. Verbotene Gedanken an Bonnie und Clyde. Wir fühlen uns groß. Zu groß zumindest für diese 50 Quadratzentimeter in dieser Loge in diesem Theater, das nicht die Volksbühne ist, Dirk, also benehmen Sie sich auch so! Moment der Verunsicherung, kurzes Reinzoomen deswegen: Bewerte ich über? Ist alles nur halb so schlimm? Vielleicht doch eine Minionstasse, die Figur? Zum Mundbefeuchten zwischendurch, wissen Sie, wenn man zu lange und zu viel gesprochen hat, und sich irgendwie ausgetrocknet fühlt, leer, und zu Kräften kommen muss, oder, falls nicht, wenigstens die Zuschauerin mitdenkt, die unvermittelt hineingestolpert ist in diese Performance, und eine Pause braucht vielleicht, ihr eine kleine Pause zugesteht, einen Schluck Wasser lang oder Wein. Aber Dirks Mund trocknet nicht aus, nein, no, nö, Dirk sprudelt, als versiege seine innere Quelle nie, und der Die-hard-Dirk-Fantrupp, der uns umzingelt, M. und mich und unsere Zwei-Sitze-breit-Festung aus Rolltop-Rucksäcken und Humorstilgefühl, scheint sich ebenfalls daran zu laben. Aber M. kann nichts trinken aus genannten Gründen, und ich *möchte* aus genannten Gründen nicht noch mehr aus Dirks Innerem, sondern eine Pause, stattdessen mehr, immer mehr deutsche Cover uncoverbarer englischer Lieder.

Rauszoomen, ganz weit raus jetzt. Überall muss es besser sein als hier, draußen, da ist alles möglich. Und beinah hätten wir uns an den Händen gefasst, M. und ich, um uns im Fallen zu halten beim Füße-in-fiesen-Nikes-Parcours Richtung Falttür mit dem roten Lämpchen. Das können Sie uns nicht verbieten, Dirk, und uns auch nicht binden mit perfiden Entertainingstrategien. Das haben unsere Eltern ein Leben lang nicht geschafft, und Sie werden es nicht schaffen in einer Nacht. Und ich kann ja sagen, was sonst niemand zu sagen wagt, das Offene-Hosenstall-Ding, weil ich nicht emotional involviert bin, nur so reingestolpert und schon fast wieder raus. Und warum sind Menschen eigentlich so feige, sobald sie gefühlsmäßig drinhängen, Heimatfilm, obwohl sie nicht müssten, weil es nicht mehr 1995 ist. Haben sie Angst vor dem Hüsker-Dü-Coverboy? Oder finden sie das womöglich wirklich gut? Sind sie aufrichtig amüsiert, wenn der Offenburger bei einer Lesung im großen Saal des Hebbel am Ufer in einer Tour davon redet, dass er die Kantine der Volksbühne viel geiler findet? Und wenn ja, Erklärungen!

Hättest du darüber lachen können, Steffen? Und fühlst du dich schon ein wenig mutiger an dieser Stelle, nachdem wir hier nun ein paar Monate lang getan haben, was niemand tat im HAU1 an diesem Abend und auch selten sonst irgendwo da draußen, wo doch alles möglich ist, solange nur nicht der eigene Hosenstall offen steht, sondern der eines anderen, nennen wir ihn Dirk und kaufen zur Entschuldigung sein Buch und alle Platten seiner wirklich soliden Band, auch die, die wir schon haben und lieben. Jetzt sag mal, **Steffen, ist das mutig hier oder das Gegenteil?** Weil wir ein Buch dazu brauchen, in dem wir uns Fragen über Ossiwitze (Echt jetzt, Mads, was soll das überhaupt sein?) stellen, auf die wir nicht antworten, oder in Chiffren, und am Ende auch nur pausenlos über uns selbst reden wie die Schriftsteller, vor denen wir fliehen.

STEFFEN • Liebe Jenny, dabei handelt es sich bei Dirk von Lowtzow doch, wenn wir ehrlich sind, gar nicht um einen Schriftsteller, sondern um jemanden, der eben schreibt, und das eben vielleicht gar nicht so gut, und das sollte mich, der ich ja auch kein Schriftsteller bin, sondern jemand, der eben schreibt, vielleicht nur am Rande berühren. Ich laufe da jedenfalls nicht weg. Lowtzows Nabelschau reizt mich vielleicht nicht so arg. Der Modus schon. Ich stürze mich in Autobiografien und persönliche Vorworte. Ich mag die Hybris und zähle die Sprünge, weil immer etwas einfach zu passieren scheint, weil immer da, wo es spannend wird, alles göttliche Fügung scheint, weil sich dort niemand hineintraut, das aufzuschlüsseln, warum es dann geklappt hat. Wir, falls es denn geklappt hat, ja auch nicht.

Ich fürchte mich nicht vor der Banalität der Mittelmäßigkeit, die andere ausstellen, ich erlebe sie eher als befreiend. Ich lerne leben. Dirk von Lowtzow und ich teilen immerhin ein Lieblingsbuch, ich weiß nicht, woher ich das weiß, irgendwo aufgeschnappt, als ich das Buch selbst las. Vielleicht ist es völlig falsch und vielleicht ist auch das Buch nur halb so gut wie ich damals urteilte, im Sommer 2014, und jetzt liegt meine Ausgabe in Chicago, umgezogen mit Susanna, und das passt ja, vielleicht ist auch diese Sache nur halb so gut und halb so richtig, wie ich das damals wahrnahm. Beides nicht zu überprüfen.

Aus dem Gedächtnis: *Die Autonauten auf der Kosmobahn* von Julio Cortázar und Carol Dunlop, erschienen 1983, ist eine Anordnung von zwei Liebenden und Forschenden, die in 33 Tagen von Paris nach Marseille fahren, mit einem Bus namens Fafnir, auf einer Expedition entlang der Rastplätze der französischen Autobahn A6 und A7, 65 sind das, auf jedem zweiten wird übernachtet. Dunlop beobachtet Cortázar und Cortázar beobachtet Dunlop. Beide beobachten die Ameisen und die erschöpften Familien auf dem Weg in den Urlaub. Es gibt eine Sequenz, in der Cortázar beschreibt, wie Dunlop aufwacht, seitenlang, jeder Hauch und jede Falte steckt in diesem Dokument. Ich glaube, ich habe nie wieder etwas so Schönes gelesen. Ich sollte mir das Buch wirklich noch einmal kaufen.

Am 23. Mai 1982 brachen sie auf die Autobahn auf, im Herbst flogen sie schon nach Nicaragua, wo sie die Sandinist*innen beim Aufbau eines anderen Staatswesens unterstützten. Im November 1982 stirbt Carol Dunlop nach einer langen Krebserkrankung, im Nachwort beschreibt ihr Ehemann Cortázar, wie er das Buch allein zusammenstellte, Trauerarbeit. Die Reise, es erschließt sich erst im Rückblick: ein Abschied. »So groß die Dunkelheit auch sein mag, es gibt keine Finsternis, die mich zur Umkehr zwingen könnte. Wir werden die Autobahn nicht verlassen, Geliebter, weder in Marseille noch sonstwo. Es gibt keinen anderen Rückweg als die Spirale«, schreibt Dunlop. Ich glaube, vor so einer Literatur, einer nahe am Leben sich bewegenden, dennoch großen, so weit wir davon auch entfernt sein mögen, nicht im Konzept, nicht in dem, was wir hier machen, sondern in unserer Banalität, will ich nicht fliehen. Die beiden übrigens, ja, die finde ich mutig, im Leben wie im Schreiben.

Ob wir hingegen mutig sind: offenkundig nein. Es kann uns nichts passieren. Die Türen für uns, für unser Projekt, stehen sperrangelweit auf. Du schreibst das selbst, irgendwo, du weißt es selbst. Wir sind unverletzlich, hier, auf die eine oder andere Art, irgendjemand wird uns immer umarmen, für das, was wir tun.

Für mich als Mann gilt das umso mehr, da tut sich eine echte Marktlücke auf, in die wir perfekt einrasten. Das ist unfair, es ist ja nicht so, dass nicht in den letzten Jahrhunderten genug von Männern gesagt wurde. Jetzt wird einmal zwei Jahre lang ein bisschen mehr von Frauen gesagt, unter anderem, aber bei weitem nicht nur, dass es angenehmer wäre, dass die angemessene männliche Kulturtechnik gerade sein könnte, einmal das Maul zu halten und endlich zuzuhören, was es noch für Realitäten gibt, in dieser Gesellschaft – und schon warten alle darauf, dass random Alman Johannes, der in diesem Fall auch Simon oder Fabian heißen könnte, wieder erklärt, was das jetzt für die Menners bedeutet. Es ärgert mich, dass ich davon profitiere. Und noch umso mehr profitiere, je deutlicher ich mache, dass es mich ärgert. Et cetera.

Und ob ich finde, denn darauf zielte, glaube ich, deine Frage ja eigentlich ab, dass Mut ein wichtiges Kriterium für die Relevanz dessen ist, was wir tun? Ebenso nein. Ich habe immer ein Problem gehabt, mit dem Mut. Auf einer Straße, die ich täglich entlang fahren muss, am Alexanderplatz, haben die Grünen für den Europawahlkampf 2019 plakatiert: »Kommt der Mut, geht der Hass«, steht da auf dem Grünstreifen. Ich halte das für eine der aussichtsreichsten Kampagnen gegen Rechts, weil sie die Rechten da packt, wo es ihnen weh tut: bei ihren Eiern. Gleichzeitig ärgert es mich, dass sie auch wieder, in ihrer Aufforderung, halt jetzt nicht so eine Pussy zu sein, doch wieder alte Stereotype klassischer männlicher Tugenden stärkt.

Dass Angst also doof ist und Mut gut, dass es also besser ist, fest zu stehen als weich zu werden, das bekämpft die Nazis mit dem Phallus, der den ganzen Faschismus doch erst begründet, um es einmal vulgär zu deuten. Der Faschismus als Abwehr des dreckigen, fließenden Weiblichen, als Angst vor dem Vermischen. Das faschistische Ich basiert auf Mut, nicht auf Feigheit. Wenn man auch fragen kann, was daran mutig ist, People of Color zu überfahren oder Frauen bei Twitter mit Vergewaltigung zu drohen. Es ist für mich selbstverständlich, dass ich, wenn die Rechten ihren Mut behaupten, für mich etwas anderes behaupten will, etwas Post-Heroisches, Fragiles. Das muss ja nicht gleich die Kapitulation sein. Wobei das natürlich ein schöner Bogen wäre, zurück zu Dirk aus Offenburg, vor dem du fliehst.

In mir löst der Nazi-Komplex immer diese Dreher aus, den Zwang, jetzt etwas besonders nazieskes zu sagen, damit es endlich raus ist, wer ich wirklich bin. Davon habe ich schon erzählt, glaube ich. Es ist dann, als wäre das so eine heilsgeschichtliche Verpflichtung, der ich nachkommen müsste: Hitlergruß am Fenster, anschließend Selbst-Ohrfeige und ein paar Stunden inneres Zittern. Ich habe Menschen so verloren, und ja auch zu Recht. Viel mehr Menschen scheinen hingegen darauf zu vertrauen, dass das irgendeine Form von Übersprungshandlung ist angesichts der Hilflosigkeit.

Nun sind wiederum der Selbsthass und die Selbstbestrafung aber immer auch ein guter Humus für autoritäre Charaktere. Sagt: Adorno, na klar. Beziehungsweise, auch so ein komischer double bind: Die Mischung aus Selbstfeier und Selbsthass, das kennzeichnet gerade den bürgerlichen Arsch. Jetzt sagen die meisten: Trump. Ich sage aber auch: Ja, hallo, linke Männer, wir mit unserer Mischung aus uns geil finden, weil wir reflektieren, gleichzeitig uns hassen, weil wir ja trotzdem Männer und bürgerlich und weiß sind, was wir aber dann doch wieder auch geil finden, wofür wir uns wieder hassen, wir kriegen das halt mal besser bald irgendwie auf die Reihe, sonst steuern wir eben auch dahin, wo alle gerade hinsteuern, hart nach rechts. Jenny, du hast das neulich, als es um jemand ganz anderen ging, ganz geil auf den Punkt gebracht: »Der will halt nicht so ein Dude sein, und dann ist er halt doch immer so ein Dude.« Das gilt ja für uns alle, und vermutlich auch noch eine Weile.

Ich glaube, und das klingt schon jetzt tatsächlich einmal sehr nazimäßig, es wäre gut, im Rahmen fluider Identitäten eine Identität zu finden, die weißen Mittelschichts-Männern eine Position abseits dessen liefert, Orientierungspunkt zu sein für die Erzählungen anderer. Also, ich meine das nicht essenzialistisch, natürlich, mir geht es nicht um Wurzeln oder sowas, ich meine da schon etwas Post-Identitäres. Spielerisches. Macht das Sinn, geht das überhaupt?

Oder ist das Identitätsspiel halt einfach echt mal eins, wo Jungs nicht mitspielen dürfen? Ich meine damit: Es gibt für weiße Männer, die ihr Weißsein und ihr Mannsein nicht als halt eh normal verstehen, und das wäre für mich zunächst ein Akt der Solidarität mit Menschen of Color, die diese Alternative nicht haben, nur zwei Möglichkeiten, sich zu erzählen: entweder eine Erzählung der eigenen Überlegenheit oder eine der eigenen Täterschaft. Das ist vielleicht noch immer viel, vielleicht ist es aber auch einfach eine schiefe Coverversion der klassischen Heilige-oder-Hure-Geschichte, die Männer seit scheinbar immer Frauen überstülpen, als Passepartout.

Gerade in Akzeptanz der geilen Karten, die mir das Leben zugespielt hat, der unfairen Vorteile, die mir zukommen und in Akzeptanz dessen, dass Menschen, die sich wie ich verorteten, für ziemlich viel Scheiß verantwortlich waren und sind, fühle ich mich verpflichtet, mich selbst auf die gleiche Art zu reduzieren, wie das meine Gesellschaft mit allen anderen Menschen tut. Um dann daraus etwas zu entwickeln, von dem ich wirklich noch keine Ahnung habe, was es sein kann.

Die Frage, wie sich Macht anfühlt, die man zu Unrecht trägt, ist schließlich nicht beantwortet. Mir fehlt ein Vokabular des Sprechens der Macht. Wie spricht die Macht aus Menschen, die in manchen Dimensionen ihres Seins Macht kumulieren? Das ist schon etwas, was sich, so aus meiner Perspektive aus der Mitte dieser Geschichte, langsam hier herausschält, in diesem Projekt. Als etwas, was wir tun, als Praxis.

Und ja, Mainstream zu sein ist weniger anstrengend als benachteiligt zu werden. Aushalten muss man es trotzdem. Für mich zumindest gehört einiges an Kraft dazu, auszuhalten, dass ich halt nur so ein Dude bin, ohne diesen in der Szene-Bubble oder, herrje, beim Onlinedating leichten Weg zu gehen, meine Standard-Heterosexualität aufzuhübschen. Oder den gesellschaftlich so viel leichteren des Antifeminismus und des Rassismus. Ich kann davon erzählen, wie ich das mache, mir selbst widerspreche, mir in den Rücken falle, mich rette. In meiner Langweiligkeit, zugegebenermaßen, aber doch, so, halt als ich. Ich weiß, dass mich das bei anderen interessiert. Ich weiß, dass dich das interessiert. Ich mag es recht ungebrochen, meinen Nabel zu zeigen oder in eure hineinzuschauen. Ich pule auch gern darin nach Flusen. Das macht mir Spaß. Ob Dirk von Lowtzow das genauso beantworten würde, ist mir ehrlich scheißegal, sorry. Mutig, so oder so, ist es allerdings ohnehin sicher nicht.

Übrigens, Jenny, wenn ich dich so fragen darf, abseits, es interessiert mich echt: Ich bin schon nach drei Texten über weiße Männlichkeit erschöpft. Aber ich suche mir das ja aus, ich werde ja nicht dazu gezwungen, über diese Identität – also, über das Mannsein – zu schreiben. Anders als du, die du ja wirklich qua Job schon verpflichtet bist und verpflichtet wirst, zentral über das Frausein zu sprechen. Ist Identitätsarbeit immer widerlich und erschöpfend, ist das eine Erfahrung, die Männer einfach nie machen? Wie fühlt sich Identitäts-Talk an als professioneller Dauermodus!? Ist das Arbeit, wird das Routine, entwickelt man Stolz?

Und dann, **Mads: Eigentlich wollte ich dich gerne auffordern, zu schweigen und deinen Platz hier nun jemandem zu überlassen, die*der sonst nicht reden kann**, der*dem unser Publikum sonst nicht zuhören würde. Aus den bekannten Gründen, aber auch, weil, da hat Jenny schon recht, wir uns in unseren Fragen vielleicht doch erschöpfen. **Fühlte mich dann aber albern, patronizing, scheinheilig, also, kurz: grundfalsch, damit. Warum eigentlich?**

MADS • Ja, das mit der Macht ist auch eine leidige Krux. I feel you, Steffen. Haben möchte man sie nicht, also vielleicht schon, ja aber eigentlich nicht die Macht, die man qua Geburt einfach zugeschrieben bekommt, die man nicht verdient hat (welche Macht hat man eigentlich verdient?), aber abgeben kann man sie auch nicht, weil eine Verteilung von Macht nur die Reinszenierung von Macht ist.

Und dann darf man sich nicht mal darüber beklagen, was für eine Krux das ist mit der Macht, weil es natürlich ein lächerliches Luxusproblem ist. Aber worüber soll man sonst auch noch reden, in einer Zeit, die angesichts von Klimawandel und Kaschmir alle Probleme zu Luxusproblemen degradiert?

Du merkst, ich schreibe das nicht frei von Ironie, aber auch nicht gesättigt davon. Ich glaube, das ist mein Ton, wenn ich auch nicht mehr weiter weiß. Dann ist Ironie meine Exit-Strategie, schlecht abgekupfert von der 90s-Generation, den Kindern Harald Schmidts. Die noch dachten, die Geschichte ist zu Ende und die letzten Geißeln der Menschheit, Chauvinismus und so, könne man wegironisieren, sich also noch einen Entertainment-Benefit daraus keltern. Eklig das. Deswegen verstehe ich auch nicht, warum ihr diese Ironiker und Egomanen immer wieder aufs Tableau zerrt, diese Jens von Schlaffzows. Keiner braucht die.

Ich befürchte: Man kann der eigenen Macht nicht entfliehen, nicht durch Ironie, nicht durch Teilen. Macht, vor allem Diskursmacht, ist nicht übertragbar, die kann nur erkämpft werden. Denn Macht verteilen nicht die, die sie haben, sondern die, die sie geben, die sich ihr unterwerfen. Ihre Aufmerksamkeit muss erst errungen werden. Wer gehört werden will, muss nicht die alten Weißen aus dem Feuilleton vertreiben, sondern ihre Leser*innen. Bevor die nicht verstanden haben, dass die *Missy* spannender ist als die *FAZ*, ist alle Macht nur geliehen.

Und man kann es ja auch nicht mehr mit ansehen, diese Fremdbemächtigung. Also weder die jovialen Bemächtiger mit Hornbrille und trüb-getätscheltem Sektglas, halbleer, das Mikro lässig aus der Hand gleitend, noch die Bemächtigten, die dann begabungsunabhängig mit der Hypothek starten, sich ihre Stimme nicht verdient zu haben.

Ich finde deinen vorherigen Vorschlag eigentlich ganz plausibel, Steffen: Das Beste, was wir machen können, ist keinen unnötigen, eitlen, trotzigen Widerstand gegen die Entmachtung zu leisten. Einfach mal das Maul halten und zuhören.

Zuhören ist ja ohnehin keine Tugend unserer Gesellschaft, wir mussten sogar dieses Buch schreiben, um zu lernen, uns zuzuhören. Ganz ehrlich, so weit wären wir doch nie gekommen, im Gespräch, am Redaktionstisch, in der Kneipe. Ich habe eure Texte zweimal gelesen, dreimal, viermal. Im Gespräch hätte ich doch die ganze Zeit schon Kommentare und Einwände gesammelt, hätte nach jedem Absatz eingehakt, um zu bemerken: »Ich habe dazu zwei kleine Anmerkungen …« Das könnte ich mir mal abgewöhnen, überhaupt. Und ich halte mich eigentlich für einen guten Zuhörer.

Aber auch das ist natürlich Macht, sich selbst zu zügeln, anderen den Raum zu gewähren, den man ihnen im Handstreich nehmen könnte. Leute elaborieren zu lassen, obwohl man schon die Basis ihres Arguments hätte einreißen können – ja vielleicht müssen. Das ist ja auch eine Frage des Respekts, seine Einwände zu äußern, statt gönnerhaft einen fehlgeleiteten Diskurs zu protegieren.

Na ja, da maße ich mir natürlich schon was an, zu wissen, was fehlgeleitet ist und was nicht. Aber wenn man doch die Argumente hat, wenn man das doch alles auch schon gedacht hat, durchdacht hat, tausendmal, dann kann man die doch nicht einfach für sich behalten. Egal, wer gerade redet. Aber vielleicht müssen wir hier unterscheiden zwischen dem Austausch von Perspektiven und dialektischer Argumentation.

Perspektiven sollten ja eigentlich immer anfechtungsfrei geäußert werden dürfen. Andererseits stimmt das ja auch nicht, weil jede Perspektive auf einem Weltbild gründet, das notwendig immer unterkomplex ist … Ich komme da auf keinen grünen Zweig. Dieser invertierte Machtkampf ist ein scheiß infiniter Regress. Mit jeder Reflexionsebene verkehren sich die Vorzeichen. Du bekommst die Macht nicht aus dem Diskurs. Selbst der Verzicht auf Macht bleibt Macht.

Blöde Sache, aber auch nichts, wofür man sich hassen müsste, Steffen. Ich verstehe überhaupt nicht, woher du diesen Selbsthass nimmst, es hasst dich doch keine*r für deine gesellschaftlichen Voraussetzungen, für die du nichts kannst. Höchstens könnten dich Menschen dafür hassen, dass du deine Privilegien missbrauchst oder ignorierst, was nicht so klingt – klar, was man nie ausschließen kann, weil das ganze Game so komplex ist, aber worum du dich bemühst, mehr kann man doch auch nicht verlangen, mehr geht nicht.

Nee, haben wir nicht, diese ungebrochenen Identitätskategorien. Ist ja auch gut so. Ist da halt was nicht ganz glatt mit der eigenen Männlichkeit. Ist doch voll in Ordnung. Ich muss das nicht auflösen, ich kann mit Widersprüchen leben, müssen wir doch ohnehin. Wer sich einmal in die Esserschen Gebilde aus zirkulierenden Reflexionstreppen begeben hat, kommt eh nicht mehr in die lineare Welt zurück. Treppauf treppab, muss ja nirgends ankommen.

Man müsse da spielerischer sein, forderst du. Ganz ehrlich: Ich will mit meinem Charakter nicht immer spielen. Klar, ich finde das ganz schön so, dieses Campige und Fluide, aber dass wir ständig drüber reden müssen, finde ich auch eitel und narzisstisch. Ich habe auch gar keinen Bock, mich ständig mit mir selbst zu beschäftigen. Um genau zu sein, kotzt mich das an. Es gibt weißgott Wichtigeres und auch deutlich Wirkmächtigeres als deine und meine Identitätskonstruktion.

Was soll da das ständige Schorfgepule. Dann heilt das doch nicht, dann doch lieber 'ne Narbe – dicke fette Narbe auf der Stirn.

Und dann möchtest du noch eine männliche Identität abseits der Erzählungen anderer. Das wäre dann ja das zweigestrichene C in der Ode an sich selbst. Was bitte soll eine Identität anderes sein als die Erzählung anderer? Geschichten, die ich mir selbst erzähle? Von denen keine*r erfahren darf?

Am Ende willst du noch wissen (ich tue jetzt mal so, als wäre dein ganzer Text eine Frage an mich): Wie fühlt sich Macht an, die man zu Unrecht trägt. Welche Macht trägt man bitte zu Recht? Die, die man sich selbst angeeignet hat? Macht ist immer Diebstahl der Handlungsfreiheit anderer.

Es sei denn, die anderen übergeben ihre Handlungsfreiheit freiwillig. Das kann man sich ja nicht vorstellen, wollen sich doch alle frei und unbeschwert entfalten. Aber ich muss gestehen, ich sehe die Welt ganz anders, ich sehe vor allem Menschen, die ihre Freiheit verschenken, die lieber alle Türen zulassen. Und wenn dann doch eine*r eine Tür öffnet, durchgeht, dann entsteht so ein komisches Handlungsraumgefälle. Dem wird die Macht bereitwillig geschenkt, durch die Passivität der anderen.

Mir ging das häufig so, weil ich ja gern durch Türen gehe, weil ich immer wissen will, was dahinter ist. Und da hast du recht, Steffen, dass ich mir anmaße durch Türen zu gehen, das ist natürlich Prägung, Heritage. Das habe ich geerbt. Aber dass Leute hinter mir herkommen, durch diese Türen, dass sie mir zuhören, dass sie mir zustimmen, das haben sie mir geschenkt. Und dass sie von mir erwarten auch die nächste Tür für sie zu öffnen, das hat mit Erbe nichts mehr zu tun.

Und da ich beides kenne, das Geschenktbekommen, wie das Verschenken von Handlungsraum, kann ich, glaube ich, sagen, wie Macht sich anfühlt: gar nicht. Man vergisst nur, dass andere sie nicht haben.

Und jetzt würde mich tatsächlich mal die Stimme von jemandem interessieren, die*der eben nicht so aufgewachsen ist wie wir, so mittelklassig. Aber andererseits gibt es da ja auch nur Einzelmeinungen, es gibt ja keine*n Verbandsvertreter*in oder Pressesprecher*in der Ungehörten. Das geht ja auch immer schief in Talkshows, wo Leuten diese Rolle aufgezwängt wird und das sind dann ja doch auch immer diejenigen, die sich ausdrücken können, die sich in sichtbare Positionen vorgearbeitet haben, die also eben gar nicht mehr abgehängt sind.

Es geht also nicht mit den anderen Stimmen, es wäre auch eine Zumutung. Das ist ja unser Spiel hier, unser Wettrennen aufeinander zu. Das kann man niemandem überziehen. Und auch wenn das Thema erschöpfend ist, auch wenn wir uns ineinander erschöpfen, das ist doch die Idee, daran möchte ich noch mal erinnern. Im besten Fall fallen wir erschöpft aus diesem Buch, haben uns alles gesagt und kennen keine Fragen mehr. Deshalb frage ich dann doch jemanden von uns, und zwar dich **Jenny**, und zwar gerade nicht in einer Stellvertreterinnenrolle, auf die du dich nie beworben hast, für Frauen oder Ossis im Team, sondern dich als mächtige Feuilletonistin: **Wie fühlt sich Macht für dich an?**

JENNIFER • Wie das Gegenteil von Ohnmacht wahrscheinlich, Mads, jedenfalls nicht nach gar nichts, aber wo du schon fragst: Kennst du Flusen? Die in Steffens Bauchnabel, klar, aber auch diese hartnäckigen Staubmäuse unterm Bett, da, wo die anderen Monster wohnen, in den Ecken, den Winkeln, einfach überall, übermächtig, die ich aufwirbele und wegpuste im Glauben, sie seien dann fort, dabei drehen sie nur eine Runde, um mir kurz das Gefühl zu geben, ich hätte den Laden im Griff, aber am Ende sind sie eben immer wieder da, und sogar größer als vorher, und wissen doch nie, was ich mit Sicherheit weiß, nämlich: Der Tag wird kommen, an dem ich feucht durchwische.

So.

Also erst wie das kurze Gefühl.
Das wächst mit der Zahl der Aufwirbelungen.
Und irgendwann hoffentlich: wie die Sicherheit.

PS: Danke, Dude, für die Sache mit der Machtstaffelstabübergabe an das Girl aus Leipzig-Nord, das jetzt auch mal halten darf. Und dass du das noch mal betont hast, mit dem NICHT als Girl aus Leipzig-Nord, das ich, Bewerbung hin oder her, nun aber unter anderem bin, weswegen es nichts geiler oder smarter, allenfalls merkwürdig macht, so zu tun, als sei es anders (Oder hat dich schon mal Irgendwer hinter einem Bauzaun rangewunken und gefragt, ob du ihm beim Masturbieren zuschauen willst, »nur zuschauen«, und hast du dann – Anekdote zum Girlsein das Ganze, nicht zum Ossigirlsein – in alle Richtungen wuchernde Schuldgefühle gehabt, weil du deinen Freund gebeten hast, die Polizei anzurufen, die nicht kam, weil ein Typ am anderen Ende war, der die Sache als »Beleidigung« aufgenommen hat und nicht als »sexuelle Belästigung« wie die Frau, die beim zweiten Anruf ranging, der nämlich nötig war, um die Anzeige zu »stornieren«, damit nicht du oder dein Freund, den du gebeten hattest anzurufen für den Fall, dass ein Typ abnimmt, mächtig Ärger bekommt, keinesfalls aber der Bauzaun-Creep?).

Wenn Steffen fragt, ob er fragen darf, wie sich Identitäts-Talk im Dauermodus anfühlt, ob das Arbeit ist, Routine wird, man Stolz entwickelt, antworte ich: Klar darfst du, aber es nervt. Um dein Gewissen zu erleichtern: Ich gehe trotzdem darauf ein, denn nichts dazu zu sagen, wird nie eine Option für mich sein. Und natürlich freut mich die Frage auch, Steffen, weil ihr Interesse mich freut, wie sie mich wütend macht, weil mich die Heroisierung, das Ausstellen eines Kampfes wütend macht, den zu führen – Stichwort: Nichtbewerbung – schlicht eine Notwendigkeit ist.

Also kurz Schritt für Schritt: Einige Identitäten werden mehr Routine als andere, stolzer bin ich wahrscheinlich auf die, die es bislang nie wurden. Talk über das alles bleibt anstrengend, aber ich gehe niemals leer dabei aus. Mir fällt immer etwas auf, ich nehme immer etwas mit. Manchmal Lücken, meistens Buchtipps (von Menschen) und immer ein Gefühl, aus dem sich Handlungsdrang ergibt. Wenn das für dich nach Arbeit klingt, dann. Und falls du nach dem Stolz diesbezüglich gefragt hast, Steffen: Kann man stolz darauf sein, dass man verteidigen muss, wer man noch so alles ist? Wahrscheinlich kann man das, wenn man Roxane Gay heißt und es ein Leben lang tut, weil man es tun muss, wenn man in Interviews ein Leben lang erst nach dem Schwarzsein, dann nach dem Queersein und dann nach dem Kranksein gefragt wird. Was mich persönlich betrifft: abhängig von

Situation und dem, was ich gerade abkann. Tendenz: desto öfter, je seltener ich danach gefragt werde. Dem Leben als Frau so im Allgemeinen jetzt. Aber wirklich schwer, solange Menschen *Gilmore Girls* heute noch als emanzipatorisch wertvolle Serie feiern: »Where you lead / I will follow / Anywhere / That you tell me to.« Also wirklich schwer.

Und danke auch für den Job-Credit, Mads, gut, dass niemand sieht, wie ich mich dafür schäme, dass du mich so nennst, Feuilletonistin, weil ich automatisch befürchte, die Menschen könnten denken, dass ich mich selbst vor dir mal so genannt habe. Und was wäre denn so falsch daran, frage ich dich, Jenny? Vielleicht sollte ich das mal tun bei LinkedIn oder auch dort, wo weniger gelogen wird, vor euch, hier, aus Traumaminimierungs- und Selbstwertmaximierungsgründen. Aber erstmal gebe ich wieder dem System die Schuld für meine Scham, was kurzfristig entlastet, langfristig nichts bringt, weil es sich nicht ändern wird, ohne dass ich versuche, es zu ändern, oder mich, oder mich und das System, mich im System, um am Ende immer wieder zu landen bei: Will ich ja gar nicht, das System soll weg. Weil, nenn es, wie du willst, Steffen, ich mag deine galante Wortwahl, dass das Individuum am Ende eben immer Strukturscheiße kackt.

Da hast du's also, mich kriegen sie auch. Die ganz normalen Widersprüche, die sich aus Zweifeln ergeben und Unsicherheiten und dem Anfechten der Zweifel und der Unsicherheiten, die alle haben, aber einige eben mehr als andere an den gleichen Stellen und andere an anderen Stellen, das ist der Teil Identität, der nie Routine wird, höchstens seine Art und Weise, uns härter zu verunsichern, und den in jedem Fall: niemand für uns auflösen wird. Zumindest nicht in einer Welt, wie sie jetzt ist, mit den Machtstrukturen, wie sie jetzt sind (ist mir schon aufgefallen, dass ihr gerne über Macht redet), doch ich bin mir sicher, dass irgendein Startup trotzdem gerade daran arbeitet: am widerspruchsfreien Menschen. Aber bis es soweit ist: 1. Weint gerne weiter aus tausend wirklich traurigen Gründen, aber nicht, weil ihr Macht in die Wiege gelegt bekommen habt. 2. Kann Stolz (»Stolz«) vielleicht dort beginnen, wo wir anerkennen, dass wir schwimmen hier und da und aufhören, das Gegenteil zu erwarten, aber nicht, die Widersprüche zu registrieren und die Verunsicherung diesbezüglich zu benennen, ohne uns selbst dafür permanent zu bemitleiden und Nach-unten-Treten als legitime Strategie zu betrachten, um wieder hochzukommen.

Zumindest fühle ich mich okayer in den Momenten, in denen ich das schaffe. Und ackere dafür, dass es mehr werden. Und merke, dass es mehr werden. Und versuche, mich nicht dauernd dafür zu bestrafen, dass es zu wenige bleiben, und mich schuldig zu fühlen, wenn genau das mal wieder passiert: Kackesein. Denn sie passieren trotz allem, die Momente von der »Where you lead / I'll follow«-Sorte, die Momente, in denen ich müde bin und bequem werde und einschere. Aber was zählt, und da bin ich ganz bei dir Mads (bleibst trotzdem ein Dude, Dude!), ist der Versuch, dass sie es so oft wie möglich nicht tun. Das ist, was »im Dauermodus« nervt, Steffen, aber du nervst mich ja auch oft und bist mir trotzdem wichtig, ich will, dass wir vorankommen miteinander. Was tun wir also hier, was bleibt uns denn übrig? Wahrscheinlich ist es genau das, was sie für mich ausmacht, Identitätsarbeit.

Davon abgesehen, harter Henri-Nannen-Schule-failed-Cut (true story, »aus euch wird trotzdem was, Kinder«) zurück zu Mads: Manche würden ihn als unzeitgemäß betrachten, den Glauben an die Wirkmacht des Feuilletons. Du anscheinend nicht. Also: **Warum sollten Menschen ein Interesse daran haben, Menschen dabei zuzuhören, wie sie über Kultur plaudern? Warum, 2020, findest du das wichtig?**

STEFFEN • Ach Jenny, wir sind auf den letzten Metern und du entdeckst jetzt wirklich doch noch deinen inneren Martin Luther. Ein wenig bewundere ich deine Pose, natürlich, da stehst du dann nämlich auch kurz im Wind. Statt, wie sonst so oft, geschützt in den Sprachwirbeln. Ein heroisches, ein, sagen wir es doch, machtvolles Bild, das bleibt. Trotzdem, irgendwie geht es für mich nicht auf, an dieser Stelle. Ich weiß, Dude Mads steht schon in den Startlöchern, die allerdudigste Frage zu beantworten, aber lass mich kurz einhaken. Denn: Zwar hast du deinen Hier-stehe-ich-und-kann-nicht-anders-Moment in einer Frage, die es dir leicht macht, dich auf etablierte Diskurse widerständiger Minorität zurückzuziehen. Und dann wirfst du doch wieder eine Nebelkerze, bei Mads' Frage, die tatsächlich du beantworten müsstest, so als du, von deiner spezifischen Schnittmenge dessen aus, was ja gerade nicht nur Diskriminierung ist. Und das Werfen dieser Nebelkerze ist, und ich glaube, das weißt du auch: Macht. Und darum knackst du hier ganz nebenbei, gerade in deinem Vermeiden, was Mads und ich nicht auflösen konnten.

Du bist zwar in unserem Kontext das Girl und in Bauzaun-Situationen sowieso, und das ist scheiße und pardon dafür, wie ich immer wieder scheitere, es dich nicht sein zu lassen. Im gesamtgesellschaftlichen pränatalen Macht-Poker bist du als Weiße aus der Mittelschicht trotzdem noch immer mit einem tonnenschweren Stapel Chips ausgestattet worden. Und die hast du gut gespielt. Natürlich bist du eine mächtige Feuilletonistin, auch wenn du dich selbst so zu sehen weigerst, du wirst so definiert von den Öffentlich-Rechtlichen, die dich anfragen, wenn eine Stimme zum Niedergang des Popjournalismus gebraucht wird, von der Jury des International Music Journalism Award, die dich als Musikjournalistin des Jahres nominiert.

Du kannst dieser Macht, die du trägst, und du trägst sie ja zu Recht, nicht entgehen, ohne dich in deinen Fluchtversuchen blind zu stellen gegenüber der Ohnmacht anderer. Check your privileges und so. Ich meine, nicht einmal in unserem geilen Kultur-Umfeld fallen mir viele Menschen ein, auf deren Mail hin ein Verlagsleiter spontan entscheidet, ein Buch zu machen. Von den Typen, die mich mal in Kreuzberg überfallen haben, weil ich aussehe wie so ein Jude halt, mal ganz abgesehen. Mir zu drohen, mich zu rasieren, ist leider nämlich nur ein ganz popeliger Ersatz dafür, den Scheiß, den ich mir hier zurecht frisiere, in der Deutschen Nationalbibliothek in, guess wo, Leipzig, für die Ewigkeit gelagert zu sehen, so Macht-wise.

Ich weiß nicht, ob du dich wirklich darauf zurückziehen kannst, die Unschuld aus Leipzig-Nord zu sein, die doch eigentlich nur über Flusen, Flausen und Lafawndah schreiben will und aus Versehen nach einem Studium der Kommunikations- und Medienwissenschaft und am Deutschen Literaturinstitut in der Relevanz gelandet ist und jetzt das Benennen dessen als Grenzverletzung wahrnimmt, weil du nämlich sehr genau weißt, wie du deine Diskursmacht einsetzt, Stichwort: Bewerbung. Jenny, du hast dir diese Macht erarbeitet, jetzt trag sie halt verdammt noch mal.

Vielleicht aber offenbart hier deine Antwort auch etwas, was unsere Texte zu dem Komplex bisher vermissen ließen. Ich glaubte, während ich meine nervig mäandernden Überlegungen zum Mut schrieb, dass nur ein weißer Mann die Antwort geben kann, wie sich ungewollte Macht anfühlt. Sicher, meine Macht, bei Ditsch am Hauptbahnhof vor einer Person mit türkischem Background bedient zu werden, die schon länger wartet, basiert auf keinem Grund außer dem basalen Rassismus dieser Gesellschaft, deine Macht, den Diskurs zu beeinflussen, hingegen auf Können und Arbeit. Dennoch fühlen wir uns beide scheiße damit. Und ich glaube nicht, dass das bloß dieses Hochstapler*innen-Syndrom ist, von dem Dirk aus Offenburg in den Bonustracks des ganz guten letzten Albums seiner Band singt. Ich glaube, deine eigene Verstrickung in das System der Macht ist dir unangenehm, und du wählst einen easy way out.

Aber vielleicht ist das ja immer so: Was wäre, wenn sich Macht immer so anfühlt? Als Scham, als Wunde? Vielleicht schämen die Mächtigen sich ihrer. Erst schämen sie sich ihrer Machtsuche, und dann, wenn sie sie finden, schämen sie sich ihrer Macht. Oder gibt es Gesichter der Macht, die nicht zerschossen aussehen, schief und nach schlechtem Gewissen? Ich glaube, wir schämen uns alle, tief im Herzen, für die Relevanz, die andere in uns hineinlesen. Vielleicht ist das Geheimnis der Macht, dass sie ohne diese Scham nicht zu haben ist. Dass wir immer, wie du, erwarten, dass sie uns irgendwann Sicherheit gibt, während sie doch einfach immer genau das eklige kleine Ding aus Irgendwas bleibt, das genau im falschen Moment entscheidet, auf einer Staubleiter aus dem Bauchnabel zu krabbeln. Und das deshalb ja gerade, ganz genau, abgeschafft gehört, rausgepult aus unseren Leben, die Geburtsmacht und auch die erarbeitete Macht und die delegierte, das ist alles nicht richtig, das muss alles nicht sein. Deal oder Scheiße? Easy way out für so nen Dude oder messianische Weltrettung? Na? Was könnten wir anstellen, wenn das wirklich so wäre?

Mads, jetzt bin ich dich einfach übergangen, mit deinen Machtfeelings, aber sorry, Türen aufmachen, wenn andere dich darum bitten, das klingt nicht nach Macht, das ist eine Dienstleistung. Und das ist Macht ja auch, einmal demokratisch gedacht, das ist also eigentlich doch schön. Und ich nutze jetzt meine Dienstleistungsmacht einmal, dich zu entbinden, ego te absolvo, davon, einen Text schreiben zu müssen, den du in 30 Jahren als neuer Ulrich Greiner (nicht verwandt, nicht verschwägert, das sollte mittlerweile klar sein) für *Die Zeit* schreiben solltest, weil ich ihn echt erst dann lesen will (unter 50 sollte niemand gezwungen sein, Texte zur Relevanz des Feuilletons in diesen Tagen zu schreiben), und darum jetzt hier, harter Henri-Nannen-garnicht-auf-die-Idee-gekommen-Cut: **Jenny, gucken wir bitte noch mal *Gilmore Girls*, ich kam nie über die Hälfte der zweiten Staffel. Worüber würden wir uns ärgern?**

JENNIFER · Steffen, das machen wir, es ist ja auch November. Wir können also direkt durchziehen bis Staffel 3 Episode 5 »Ein verpatztes Date«, in der eine Frau ihr Kind in Luke's Diner stillt, und dann brauchen wir nur noch abzuwarten und uns anzuschauen. Und zeig' mir doch auch die Löcher in deinem Gesicht bei der Gelegenheit. Ich habe sie nie bemerkt, nicht mal neulich, als wir uns unverschämt nah kamen für das, was wir sind, was wir in Regel Nr. 1 beschlossen hatten zu sein, zwölf Monate circa vor dem barfuß

Herumalbern für die Buchklappenfotos. Als wir dafür nun übereinander stolpern sollten und ineinander fielen und ich plötzlich in deinem Bart lag und mir das erste Mal aufging, dass er nicht unbeträchtliche graue Stellen hat. Als wir uns mit den Fingern weiter im Gesicht herum fuhren, und ich sagte: nicht die Stirn, oder die Brauen, auch die anderen Haare nicht, und bitte nicht den Mund. Und dann noch, dass alles ein Spiel sei, ein großer Spaß. Das war gelogen.

In Wahrheit war es erst schrecklich und dann der größte Spaß, den ich seit Ewigkeiten hatte. Nur, wie es so ist: Gemerkt habe ich das alles lange danach. Ein Freund, vielleicht auch nicht, ein Mensch, der hier schon in einem anderen Fluchtmoment auftauchte, hatte geschrieben: »Manchmal erfahre ich als letzter, wie ich mich fühle.« Und natürlich ging es um etwas Anderes an diesem Abend, aber wann geht es denn nicht um Nähe, wenn Menschen Kontakt haben, oder was dazu führt oder was davon weg, jedenfalls dachte ich: Ich weiß. Ich kenne das. Aber ich will das Gegenteil.

»Manchmal ist es ja so, dass es einfach so ist.«
»Einfach so: okay?«
»Ja.«

Sie waren ernsthaft hart für mich, schmerzhaft, wenn man so möchte, die Berührungen. Aber missen will ich keine einzige, keine derer dort vor der Kamera, Steffen, Fabian, Mads, keine derer hier. Ich ließ zu und litt und lernte und wir ließen zu und litten und lernten, behaupte ich mal, auch das habe ich hier gelernt, und irgendwann traute ich mich tatsächlich selbst, euch anzufassen. Und einfach so war es: okay. Ihr habt meinen Finger natürlich bemerkt, an der Stirn, in den Haaren, auf dem Mund sogar, wenn wir einen Lauf hatten, und habt ihn tiefer bohren lassen, viel tiefer aber noch abseits eurer Gesichter, der Oberflächen im Licht dieses Morgens, an dem die Fotografin so sonderbar stabil stand auf dem Turm aus Büchern für die richtige Perspektive, uns betreffend. Und wir die waren, die ins Wanken gerieten auf dem festen Boden. Als das hier aber, als ja alles schon gelaufen war, und wir nur noch die Symbolbilder dazu finden mussten und einen Schluss. »Nur.«

Hier nämlich, wo mehr Tiefe möglich ist als in unseren Mittdreißigerfalten, haben wir unsere Finger lange vorher hineinfahren lassen. Und klar haben wir auch da und dort die Regeln verletzt und Stopp gesagt, wenn das nötig war, damit wir uns nähern durften. Ich glaube, manchmal, haben wir uns angefasst. Aber auch, und das ist nicht Teil von dem, was man hören möchte, aber Teil der Entscheidung, die wir in Regeln festgehalten haben, genauso voneinander entfernt in den ehrlichsten Momenten. Das war, mir zumindest, lange nicht klar. Oder genauer: Ich wollte es nicht wahrhaben, bis ich es bemerkte. Und ehrlich weiß ich immer noch nicht, wie damit umgehen. Erst mal steht es hier, es ist gesagt. Es ging um Mut an einer Stelle, und ich sehe das anders, Steffen. Wir hatten etwas zu verlieren. Und womöglich haben wir das auch.

Aber was wäre so schlimm daran?

Epilog

MADS · Letzte Nacht, beim Einschlafen, stand ich auf einmal in deiner Wohnung, Jenny. Du hattest dein Wohnzimmer mit einer geschlossenen Decke aus Butterstreuseln überzogen, den Boden, die Decken und Polster. Auf alles hattest du den buttergelben Samt gelegt.

Unter den Streuseln war eine Schicht Kirschen. Man sah sie nicht, aber ich wusste es schon. Ich schritt entschlossen durch die Tür und hinterließ eine Spur kirschroter Fußstapfen in der Streuseldecke. Mit diesen Socken konnte ich jetzt nicht mehr zurück.

Aber was hätte ich tun sollen? Wenn einem jemand sowas zeigt, dann kann man nicht davor stehen bleiben, das wäre unhöflich. Wenn einem jemand zeigt, dass sie*er ihr*sein Zimmer überbacken hat, dann muss man da rein, sich setzen, ganz in die Mitte.

Ich schaute zur Tür. Da standest du und dein Gesicht entspannte zwischen kindlicher Freude und ausreflektierter Resignation ein mildes Lächeln, so als wolltest du sagen: »Ja, weißte ja, so bin ich, eine Mischung aus kindlicher Freude und ausreflektierter Resignation. Ich überbacke mein Zimmer mit Kirschstreuselkuchen.«

Die Kirschmarmelade quoll an meiner Hosennaht hoch

und ich dachte noch: Kann man so nach Hause fahren? Mit einem Hosenboden voller Kirschstreusel? Die ganze Sonnenallee runter auf dem Fahrrad? Ja, wenn man mit sich einverstanden ist, kann man das, dachte ich, bevor ich aufwachte.

Da hatte ich aber auch schon vierzig Fieber.